INHALT UND TRAGWEITE DER VON DEN SACHVERSTÄNDIGEN DER REPARATIONS-KOMMISSION ERSTATTETEN GUTACHTEN.

REFERAT

ERSTATTET DEM VORSTAND
UND AUSSCHUSS DES CENTRAL-
VERBANDS DES DEUTSCHEN
BANK- UND BANKIERGEWERBES
AM 10. MAI 1924

VON

DR. GEORG SOLMSSEN

GESCHÄFTSINHABER DER DISCONTO-GESELLSCHAFT UND
DIREKTOR DES A. SCHAAFFHAUSEN'SCHEN BANKVEREINS A.-G.

1 9 2 4

WALTER DE GRUYTER & CO., BERLIN UND LEIPZIG

Das nachstehende, dem Vorstand und Ausschuß des Centralverbands des Deutschen Bank- und Bankiergewerbes auf dessen Wunsch am 10. Mai 1924 erstattete Referat über die Gutachten der von der Reparationskommission eingesetzten beiden Sachverständigen-Kommissionen diente dem Zweck, einem größeren Kreise von Berufsgenossen des Verfassers über die Probleme zu berichten, welche durch die Gutachten in Fluß gebracht worden sind. Diese Probleme umfassen politische und wirtschaftliche Fragen in engster Verknüpfung. Die Stellungnahme eines jeden, der sich ihrem Studium widmet, muß daher stark durch die Auffassung beeinflußt sein, die er den politischen Aufgaben der Gegenwart entgegenbringt. Der Centralverband des Deutschen Bank- und Bankiergewerbes ist als wirtschaftliche Interessenvertretung des von ihm repräsentierten Berufsstandes nicht berufen, politische Meinungen zu äußern. Das vorliegende Referat enthält daher keine Stellungnahme der genannten Körperschaft, sondern gibt die persönliche Auffassung des Verfassers wieder*). Angesichts des brennenden Interesses, das die Erledigung der Reparationsangelegenheit für jeden Angehörigen unseres Volkes besitzt, erscheint es zweckmäßig, den Inhalt des Referates der Oeffentlichkeit zugänglich zu machen, um das Verständnis der großen Fragen zu erleichtern, deren Lösung unser und unserer Kinder Schicksal für ein Menschenalter in sich schließt.

Das von den Sachverständigen behandelte Gebiet ist so weitschichtig, daß eine volle Erfassung des gesamten Stoffs viel mehr Zeit beanspruchen würde, als dem Verfasser in der kurzen, seit Veröffentlichung

*) Die vom Centralverband des Deutschen Bank- und Bankiergewerbes am 13. Mai 1924 gefaßte Entschließung ist unten S. 61 als Anlage abgedruckt.

der Gutachten verflossenen Frist zur Verfügung stand. Dementsprechend kann die nachfolgende Darstellung nach keiner Richtung Anspruch auf Vollständigkeit erheben; sie stellt vielmehr nur den Niederschlag der Gedanken dar, die sich bei der ersten Lektüre der Gutachten aufdrängen müssen und denen bis zu einem gewissen Grade nachgegangen werden konnte.

Allgemeine Würdigung der Sachverständigengutachten.

Die Gutachten der Sachverständigen versuchen zum ersten Male, seitdem die Reparationsfrage akut ist, ihrer, losgelöst vom politischen Antagonismus der Nationen, nach wirtschaftlichen Gesichtspunkten Herr zu werden und sie als eine die gesamte zivilisierte Menschheit angehende Angelegenheit zu behandeln. Dafür gebührt ihnen Dank. Wenn trotzdem gegen viele Schlüsse und Ausführungen der Sachverständigen vom deutschen Standpunkt aus mit allem Nachdruck Front gemacht werden muß, so bedeutet das keine Mißachtung der anerkennenswert großen Arbeit, welche die Sachverständigen - Ausschüsse geleistet haben. Niemand wird uns aber das Recht bestreiten können, einer Meinungsbildung, die im wesentlichen ohne unsere Mitwirkung entstanden ist, nachträglich unsere eigene Ansicht entgegenzusetzen und Irrtümer aufzudecken, die vermeidbar gewesen wären, wenn Deutschland als gleichberechtigte Verhandlungspartei und nicht als verurteilter Angeklagter vor dem Forum hätte erscheinen dürfen, das berufen worden war, um über seine Zukunft zu entscheiden. Diese Kritik ist um so berechtigter, als Hauptteil und Anlagen der Gutachten sich vielfach in merkwürdigen Widersprüchen bewegen und dadurch Unklarheiten über die letzten Absichten der Gutachten entstehen, die uns als Objekt derselben nach allen Erfahrungen, die wir mit der Auslegung des Versailler Vertrages gemacht haben, zu skeptischer Vorsicht veranlassen müssen.

Das von den Sachverständigen entwickelte System erkennt als unbedingt zu erfüllende Voraussetzung jedes Wiederaufbaues rückhaltslos an, daß die steuerliche und wirtschaftliche Einheit des Reiches wiederhergestellt, alle Maßnahmen, welche die wirtschaftliche Tätigkeit Deutschlands durch andere fremde Organisationen als die in den Sachverständigenberichten vorgesehenen behindern oder beeinträchtigen, beseitigt werden müssen, und daß neben den durch die Sachverständigenberichte festgesetzten Verpflichtungen keine Leistungen irgendwelcher Art gefordert werden dürfen.

Die Sachverständigen kehren damit zum Versailler Vertrage zurück und stempeln, ohne es zu sagen, die unter Bruch desselben erfolgten Verletzungen der durch den Vertrag von Versailles übriggelassenen Reste unserer Souveränität, sowie die unter Berufung auf diesen Vertrag erfolgten willkürlichen Erpressungen von Leistungen aller Art, welche in dem Vertrage keinen Boden finden, als das, was sie sind, nämlich als flagrante Rechtsbrüche, die sich auf nichts gründen als auf brutale Gewalt.

Hiervon abgesehen, stehen die Sachverständigengutachten durchaus auf dem Boden des sogenannten Friedensvertrages und das vae victis, das uns aus jeder Seite desselben entgegenschallt, ist auch das Kennzeichen ihrer Vorschläge. Darüber hinaus sind die Gutachten, Gott sei es geklagt, die Bescheinigung dafür, daß sich das deutsche Volk seit dem Waffenstillstand unfähig erwiesen hat, seine Geschicke zu ordnen.

Die auf dem deutschen Bankiertage vom Jahre 1920 von mir vorhergesagte Dette Publique wird nunmehr bittere Wahrheit und es wäre gänzlich verkehrt, wenn man versuchte, sich durch Umdeutung der Tatsachen an diesem traurigen Ergebnis vorbeizudrücken. Es muß rückhaltlos ausgesprochen werden, daß die Gutachten die brutale Quittung dafür sind, daß das deutsche Volk, anstatt seit dem Waffenstillstand alle Kräfte zusammenzufassen, um seine Wirtschaft in Ordnung zu bringen und als geschlossene Einheit den äußeren Gegnern gegenüberzutreten, die Zeit damit vertrödelt hat, sich in unfruchtbaren Wirtschaftsexperimenten auf dem Gebiete des Staatssozialismus zu tummeln und die geringe Widerstandskraft, die uns noch verblieben war, durch den Kampf Aller gegen Alle zu zertrümmern. Angesichts dieser Versäumnis ist es verständlich, wenn nunmehr die Alliierten die Regelung der Reparationsfrage durch Eingriff in unsere gesamte öffentliche und private Wirtschaft in die Hand nehmen und zu diesem Zwecke Garantien fordern, welche nur noch den Schein einer Staatshoheit übrig lassen.

Man müßte angesichts dieses Ergebnisses verzweifeln, wenn nicht die Gutachten als einzigen Hoffnungsstrahl für eine bessere Zukunft den Beginn der Erkenntnis durchschimmern ließen, daß bloße Gewaltpolitik nie zum Ziele führen kann und ohne wirtschaftliches Zusammenarbeiten von Siegern und Besiegten Europa verloren ist. In dieser Zusammenarbeit liegen Möglichkeiten einer zukünftigen Ausgestaltung der Gesamtlage zum Besseren, weil die immer klarer hervortretende gegenseitige Abhängigkeit der Kulturländer voneinander vielleicht dazu führen wird, den Ausgleich der politischen Spannung anzubahnen. Hinzu kommt, daß die Verständigung über das Reparationsproblem die unerläßliche Voraussetzung für die Regelung der interalliierten Schulden bildet und von solcher Regelung eine heilsame Rückwirkung auf die Erledigung dieses Problems erwartet werden darf.

Da die Sachverständigen auf einer Fülle volkswirtschaftlicher Daten fußen, die zum großen Teil quellenmäßig nicht nachprüfbar sind, muß verlangt werden, daß der deutschen Regierung Gelegenheit gegeben werde, zu den Daten der Sachverständigen Stellung zu nehmen und dieselben zu berichtigen, soweit sie in der Lage ist, Berichtigungen vorzubringen. Diese Möglichkeit ist in weitem Umfange vorhanden, wird doch, je mehr man sich in die Gutachten vertieft, immer klarer, wie stark das ursprünglich vorhanden gewesene Bestreben unparteiischer

Feststellung dadurch beeinträchtigt worden ist, daß wiederum, wie schon so oft, nicht mit Deutschland verhandelt, sondern Deutschland hinter verschlossenen Türen abgeurteilt und der Ausgleich zwischen den verschiedenen Interessen der Alliierten durch Kompromisse erzielt worden ist, Kompromisse, die so weit gehen, daß es nicht einmal möglich war, Uebereinstimmung zwischen dem englischen und französischen Text des Gutachtens zu erzielen.

Bei der nachfolgenden Erörterung wird der Inhalt der Sachverständigen-Gutachten, die inzwischen nebst Anlagen in deutscher Uebersetzung erschienen sind, im wesentlichen als bekannt vorausgesetzt. Die einzelnen Vorschläge sollen nur so weit in großen Zügen erörtert werden, als sie besonders in die Augen springende Folgen nach sich ziehen, zu denen die deutsche öffentliche Meinung Stellung nehmen muß. Alle, das Gesamtbild verwirrenden Einzelheiten sollen hierbei außer acht bleiben.

Die erste Sachverständigen-Kommission bezeichnet als Ziel ihres Berichtes, einen auf dem Grundsatz von Treu und Glauben beruhenden Plan für die Einziehung der Deutschland obliegenden Schuldverpflichtung aufzustellen. Sie geht hierbei von folgenden Axiomen aus:

1. Die durch den Versailler Vertrag begründeten Verpflichtungen Deutschlands stellen eine außergewöhnliche Schuld dar, weil Deutschland
   - a) auf Grund aller in Betracht kommenden Faktoren moralisch gebunden sei, die von ihm während des Krieges verursachten Schäden wiedergutzumachen,
   - b) keine nennenswerten Verwüstungen erlitten habe.
2. Dem deutschen Volk müsse eine Steuerlast auferlegt werden, die mindestens ebenso schwer sei wie diejenige, welche von den Völkern der alliierten Länder getragen wird.

Jeder, der zu dem Inhalt der Gutachten Stellung zu nehmen hat, muß sich zunächst mit diesen allgemeinen Grundsätzen derselben auseinandersetzen. Dementsprechend muß darauf hingewiesen werden, daß Deutschland niemals aufhören wird, gegen die *Schuldlüge* anzugehen, welche die Basis des ihm unter Androhung des Hungertodes aufgezwungenen Versailler Vertrages bildet. *Solange es ein göttliches Gesetz gibt, das die Geschicke der Menschen leitet, wird niemals Deutschlands Forderung verstummen, daß die Ursachen des Weltkrieges durch gemeinsame Arbeit der beteiligten Mächte bis zur völligen Feststellung der historischen Wahrheit offengelegt werden. Deutschland hat den Beginn mit der rückhaltlosen Oeffnung seiner Archive gemacht; mögen seine Gegner, die sich mit ihrer angeblichen Kriegsunschuld brüsten, den Mut finden, ihm hierin zu folgen! Wenn dieser Mut nicht aufgebracht wird, so darf sich niemand beklagen, wenn wir in seinem Fehlen den deutlichen Beweis eines bösen Gewissens erblicken.*

Wenn vorstehende Forderung trotz ihrer Wichtigkeit und der Notwendigkeit, auf ihrer Erfüllung immer wieder mit aller Zähigkeit zu bestehen, im gegenwärtigen Zeitpunkt auch nur als allgemeiner Vorbehalt geltend gemacht werden kann, muß dies doch mit allem Nachdruck geschehen und dem fraglichen Axiom der Sachverständigen entschieden widersprochen werden.

Schwächung der Leistungsfähigkeit Deutschlands durch den Krieg.

In gleicher Weise muß Verwahrung dagegen eingelegt werden, daß die Sachverständigen behaupten, Deutschland habe „keine nennenswerten Ver-

wüstungen" erlitten. Diese Verwahrung ist um so mehr erforderlich, als die in dieser Auffassung zutage tretende Verkennung der Lage Deutschlands zu weitgehender Ueberschätzung seiner Leistungsfähigkeit geführt hat.

Man kann sich des Eindrucks nicht erwehren, daß die Sachverständigen sich von der französischen Propaganda haben beeinflussen lassen, welche seit Jahren eifrig bemüht ist, die durch den Krieg — und zwar durch alle aktiven Teilnehmer desselben — verwüsteten Zonen Frankreichs möglichst lange in dem Zustande zu belassen, in welchem sie sich nach Beendigung der kriegerischen Maßnahmen befanden. Entsprechend heben die Sachverständigen bei der Betrachtung der Lage Deutschlands hervor, daß Deutschland keine derartigen Verwüstungen erlitten habe und ziehen aus dieser Tatsache schwerwiegende Schlußfolgerungen. Demgegenüber muß darauf hingewiesen werden, einmal, daß Deutschland sehr erhebliche Verwüstungen in Ostpreußen erlitten hat, in dem Sinne, in dem offenbar die Sachverständigen das Wort „Verwüstungen" auffassen, des weiteren aber, daß die Einbußen, welche Deutschland durch den Waffenstillstand und durch den Friedensvertrag auferlegt worden sind, sich als Verwüstungen seines Wirtschaftskörpers darstellen, die unbedingt in Betracht gezogen werden müssen, wenn man sich ein Urteil darüber bilden will, welche Leistungsfähigkeit ihm noch innewohnt.

Die von den Sachverständigen aufgestellte Fiktion, Deutschland habe keine nennenswerten Verwüstungen erfahren, wirkt um so gefährlicher, als sich auf ihr die Theorie einer latenten Leistungsfähigkeit Deutschlands aufbaut, welche näherer Untersuchung nicht standhält. Die einschlägigen Ausführungen der Sachverständigen berühren um so eigenartiger, als sie in vollem Widerspruch zu den Schilderungen stehen, welche die im Auftrage der Reichsregierung für die Sachverständigenausschüsse der Reparationskommission ausgearbeitete Schrift über „Deutschlands Wirtschaft, Währung und Finanzen" unter teilweiser Wiederholung der Angaben der im Jahre 1923 von dem statistischen Reichsamt zusammengestellten Schrift über „Deutschlands Wirtschaftslage unter den Nachwirkungen des Weltkrieges“ von dem Zustand Deutschlands vor dem Kriege und nach dem Kriege gibt. Diese Darlegungen fallen um so schwerer ins Gewicht, weil sie von einer unabhängigen, den Sachverständigen keinesfalls unbekannten Stelle wissenschaftlich geprüft und voll bestätigt worden sind. Es ist dieses die alle anderen bisherigen gleichartigen Arbeiten an Gründlichkeit und Sorgfalt schlagende Veröffentlichung des von der Carnegie-Gesellschaft gegründeten „Institute of Economics“, die im Jahre 1923 von Harold G. Moulton and Constantine E. McGuire unter dem Titel „Germany's Capacity to Pay“ veröffentlicht worden ist.

Nach den Feststellungen der Reichsbehörden hat Deutschland, verglichen mit dem Friedensstande, verloren

an Fläche innerhalb Deutschlands . . .	13	pCt.
„ Bevölkerung	10	„
„ Steinkohlenproduktion	29,9	„
„ Eisenerzproduktion	74,5	„
„ Zinkerzproduktion	68,3	„
„ Weizen- und Roggenproduktion . . .	15,7	„
„ Kartoffelproduktion	18	„
vom Seekabelnetz	95	„
„ Bruttoregistertonsinhalt seiner Flotte	89,4	„

Wenn man bedenkt, daß die von Deutschland abgetretene Fläche ohne die Kolonien an Rauminhalt und Bevölkerungszahl mehr beträgt als das Gesamtareal von Belgien, den Niederlanden und Luxemburg zusammen ausmacht, daß Deutschland seine besten landwirtschaftlichen Ueberschußgebiete verloren, ¼ bis ¾ der wichtigsten Rohstoffe eingebüßt hat und außer der gesamten Flotte auch seinen gesamten Kolonialbesitz hergeben mußte, so ist es wohl berechtigt zu sagen, daß die Behauptung, Deutschland habe „keine nennenswerten Verwüstungen" erlitten, unter keinen Umständen aufrechterhalten werden kann, wenn sie als Beleg für eine errechnete Zahlungskapazität ins Feld geführt wird. Im Gegenteil, während die Sachschäden, welche den alliierten Nationen, insbesondere Frankreich durch den Krieg verursacht wurden, durchweg reparabel sind und ebenso wiederhergestellt werden können, wie dieses Deutschland bezüglich der durch den Russeneinfall verwüsteten Teile Ostpreußens im Gegensatz zu Frankreich längst getan hat, lassen sich die Schäden, welche durch die willkürlichen Bestimmungen des Waffenstillstandes und des Versailler Vertrages Deutschland materiell zugefügt worden sind, überhaupt nicht wieder ausgleichen. Durch den Friedensvertrag ist die gesamte wirtschaftliche Struktur des Landes zerrissen und aus einem wohlausbalanzierten Produktions- und Handelsstaat ein Torso gemacht worden, der nicht mehr ein organisch entstandenes System, sondern ein durch rohe und willkürliche Eingriffe jeder Art völlig durcheinander geworfenes Gebilde darstellt, dessen Einrichtungen für ganz andere Voraussetzungen getroffen waren, als sie nunmehr bestehen.

So hat, um nur einiges herauszugreifen, der Verlust Elsaß-Lothringens und des Saargebietes die deutsche Eisenerzproduktion um 21,2 Millionen Tonnen vermindert. Ferner ist Deutschland aus einem Kohlenausfuhrland ein Kohleneinfuhrland geworden. Wollte Deutschland seine industrielle Leistungsfähigkeit der Vorkriegszeit wiedergewinnen, so müßte es 57,5 Millionen Tonnen Kohlen gegenüber 10,5 Millionen Tonnen in der Vorkriegszeit einführen. Ganz besonders hat aber auch auf die wirtschaftliche Lage Deutschlands der Verlust seiner sämtlichen Auslandsguthaben eingewirkt, die das Gutachten der unter dem Vorsitz von Mr. McKenna stehenden Sachverständigen-Kommission selbst auf 28 Milliarden Goldmark schätzt, wobei als Auslandsguthaben nur diejenigen angenommen wurden, welche deutschen, in Deutschland wohnenden Staaatsangehörigen gehörten, unter Außerachtlassung derjenigen, welche das Eigentum im Auslande wohnender deutscher Staatsangehöriger bildeten. Diese Guthaben, welche die wesentliche Grundlage der unsichtbaren Einfuhr bilden, sind verloren gegangen.

Das Sachverständigen - Gutachten geht an all diesen Ziffern achtlos vorüber und klammert sich daran, dem Wort „Verwüstungen" den Sinn der Zerstörung materieller Anlagen zu geben, während zwecks Prüfung der Unterlagen der deutschen Volkswirtschaft und Gewinnung eines Gradmessers für ihre Leistungsfähigkeit doch unmöglich von diesen rein äußerlichen Merkmalen ausgegangen werden darf, sondern die Wirkung des Geschehens auf die innere Struktur der deutschen Volkswirtschaft in Betracht gezogen werden muß.

Deutschlands potentielle Leistungsfähigkeit.

Die Außerachtlassung dieser Tatsache ist um so schwerwiegender, als die Sachverständigen als Beweis für die zu erwartende Steigerung der künftigen Produktionsfähigkeit Deutschlands auf folgende, zugunsten Deutschlands sprechende Momente hinweisen:

1. seine wachsende und arbeitsame Bevölkerung,
2. deren technische Begabung,
3. die bedeutenden materiellen Hilfsquellen des Landes,
4. die Entwicklung der Landwirtschaft auf fortschrittlichen Bahnen,
5. den hervorragenden Platz, den die mit der Industrie zusammenhängenden Wissenschaften einnehmen.

Es läßt sich unschwer nachweisen, wie stark jeder dieser von den Sachverständigen als Begründung ihrer optimistischen Auffassung in den Vordergrund gerückten Faktoren, deren kraftvolle Bedeutung für die Vergangenheit durchaus zutreffend war, durch die Verwüstungen, welche der Waffenstillstand, der Friedensvertrag und der unter Bruch des Friedensvertrages erfolgte Einbruch in das Ruhrgebiet über unser Land gebracht haben, in Mitleidenschaft gezogen worden ist. Der erwähnte Bericht des Carnegie-Institute of Economics liefert nach dieser Richtung außerordentlich instruktives Material. Die dort angezogene Schilderung Landon Mitchell's in seinem Artikel „Germany" in „The Atlantic Monthly" vom April 1923 über die Wirkungen der einschneidenden Verringerung der Versorgung der Bevölkerung mit Nahrungsmitteln ist nur zu wahr. Die deutschen Kinder sind in nicht wiedergutzumachender Weise mit Krankheitskeimen überschwemmt und es ist gänzlich ausgeschlossen zu erwarten, daß die heranwachsende Generation jemals der Schäden Herr werden kann, welche die Hungerblockade des Krieges und noch viel mehr die Blockade des Waffenstillstandes und die seit dem ohne Unterlaß erfolgte Mißhandlung unseres Volkskörpers hervorgerufen haben.

Die technische Begabung der Bevölkerung ist unzweifelhaft vorhanden. Den Sachverständigen scheint aber nicht bekannt zu sein, in welchem Zustande sich unsere Universitäten, wissenschaftlichen Institute, Laboratorien, Bibliotheken und Sammlungen befinden und welche unendlichen Entbehrungen grade die Träger der Wissenschaft, Kultur und Kunst zu erleiden haben. Es ist sicher, daß die Wirkungen der uns systematisch aufgezwungenen geistigen Verarmung in einem starken Rückgang der wissenschaftlichen und technischen Leistungen zutage treten werden.

Was die Sachverständigen unter „bedeutenden materiellen Hilfsquellen des Landes" verstehen, ist nicht klar. Deutschland hat durch die Verringerung seiner eignen Rohstoffquellen an sich bereits einen erheblichen Teil seiner Exportkraft eingebüßt und sieht sich in dieser des weiteren dadurch geschädigt, daß es mit am schärfsten von der Desorganisation des Welthandels betroffen ist, welche die verfehlten Maßnahmen des Friedensvertrages nach sich gezogen haben. Die materiellen Hilfsquellen eines Landes besitzen für die Bewertung der Leistungsfähigkeit desselben anderen Ländern gegenüber nur einen relativen Wert, dessen Höhe davon abhängig ist, welche Leistungen zugunsten anderer Länder mittels dieses Apparates erzielt werden können. Machen besondere Umstände es unmöglich, diesem Apparat die Tätigkeit zu geben, welche er zu verrichten vermag, so nimmt sein Wert entsprechend ab. Die systematische Auspressung, welcher Deutschland seit dem Waffenstillstand unterworfen wurde, hat seinen Wirtschaftskörper so blutleer gemacht, daß die Möglichkeit, unsere materiellen Hilfsquellen fruchtbringend, insbesondere für den Export, zu verwerten, außerordentlich zusammengeschrumpft ist.

Was endlich die Möglichkeiten der Entwicklung der Landwirtschaft betrifft, so sind diese außerordentlich beschränkt, da die Intensität der Produktion eines sich in viele Einzelbetriebe zersplitternden Gewerbes nicht beliebig gehoben werden kann, und es sehr fraglich ist, ob die Steigerung der Produktion, welche möglicherweise durch Verbesserung der Methoden und Zusammenfassung der Betriebe erzielbar wäre, nicht nachteilige Nebenwirkungen sozialer Natur im Gefolge haben würde, deren Schäden in keinem Verhältnis zu den eventuellen Vorteilen der Produktionssteigerung ständen. Man kann sich des Gedankens nicht erwehren, daß die amerikanischen Beurteiler unserer Lage sich stark durch den Vergleich mit ihren heimischen Verhältnissen haben beeinflussen lassen und dabei übersehen, daß es ein ganz anderes Ding ist, ein noch lange nicht in vollem Umfange erschlossenes landwirtschaftliches Gebiet, wie das der Vereinigten Staaten, im Großbetriebe zur höchsten Produktion zu bringen, oder landwirtschaftliche Betriebsformen eines so dicht bevölkerten Kultur- und Industrie-Staates, wie Deutschland es ist, grundlegend ändern zu wollen.

Hiervon abgesehen, ist aber auch auf allen Gebieten der landwirtschaftlichen Betätigung ein starker

Rückgang wahrzunehmen. Die Wirkung der Verarmung des Landes tritt, wie allenthalben, auch hier zutage. Die Anbauflächen sind infolge der Knappheit künstlicher Düngemittel, hauptsächlich aber dadurch zurückgegangen, weil der heimische Verbrauch an wichtigsten vegetabilischen Nahrungsmitteln auf die Hälfte, teilweise auf noch mehr, gefallen ist.

Gleichwertige Besteuerung.

Was die an verschiedenen Stellen der Gutachten wiederkehrende Behauptung betrifft, daß die dem deutschen Volk bisher auferlegte Steuerlast in ihrer Höhe nicht dem Betrage entspreche, welcher von der Bevölkerung der Alliierten getragen werde, so ist die Richtigkeit dieser Behauptung durchaus anfechtbar. Man hat den Eindruck, als wenn die Sachverständigen zu stark durch die Tatsache beeinflußt worden sind, daß während der Dauer der Inflation das Aufkommen der ausgeschriebenen Steuern nicht der Ausschreibung entsprach und sich infolgedessen auch die Steuererhebung vielfach auf ungerechter Basis vollzog. Abgesehen von diesem mit dem Aufhören der Inflation zu seinem natürlichen Ende gekommenen Mangel, zeigt sich bei näherer Untersuchung, daß derjenige Anteil des Volkseinkommens, der in Deutschland für Steuern in Anspruch genommen wird, keineswegs hinter der entsprechenden Quote anderer Länder zurückbleibt. Die von dem Carnegie-Institute of Economics hierüber angestellten Berechnungen führen zu folgendem Ergebnis:

Legt man die Helfferichsche Schätzung eines deutschen Volksvermögens von insgesamt Goldmark 300 Milliarden und eines Bruttoeinkommens von GM. 40 Milliarden für das Jahr 1913 zugrunde, Ziffern, die, wie erinnerlich, alsbald bei ihrer Bekanntgabe als wesentlich zu hoch angefochten wurden, und berücksichtigt man die Rückgänge, welche dieses Vermögen und Einkommen durch die Gebietsverluste, die während der Kriegszeit eingetretene Entwertung der industriellen Anlagen, den Russen-Einfall, den Verlust der Auslandsanlagen, durch die Erfüllung des Friedensvertrages und den Substanzverbrauch der Nachkriegszeit erlitten haben, so gelangt man zu einem Restbestand von GM. 165 Milliarden. Und zwar werden im einzelnen eingeschätzt in Milliarden:

der Verlust von $^1/_6$ der wirtschaftlichen Leistungsfähigkeiten mit	GM.	50	Milliarden
die Entwertung der industriellen Anlagen mit	„	25	„
die durch den Russen-Einfall verursachten Schäden mit . . .	„	2	„
der Verlust von auswärtigen Anlagen infolge des Friedensvertrages mit	„	24	„
sonstige Verluste infolge des Friedensvertrages mit . . .	„	14	„
der Verlust an Waren und Vorratssubstanz mit	„	20	„
Summa	GM.	135	Milliarden.

Der nach Abzug dieser Verluste verbleibende Vermögensbestand von GM. 165 Milliarden kann jedoch nicht in dieser Höhe eingesetzt werden, weil die Summe von GM. 300 Milliarden der Vorkriegszeit sich auf Ertragswerte aufbaute, die in ihrer früheren Ertragsfähigkeit nicht mehr bestanden und deren Aussichten auf künftige Entwicklung ihrer Ertragsfähigkeit inzwischen erheblich zusammengeschrumpft waren. Bringt man diese Verminderung der Ertragsfähigkeit gebührend in Ansatz, so gelangt man zu einem Jetztwert des verbliebenen Vermögens von GM. 125 Milliarden und zu einem Bruttoeinkommen von GM. 17 Milliarden. Dabei betrug die Lebenshaltung im Jahre 1921 nicht $^3/_5$ derjenigen des Jahres 1913 und um diese Lebenshaltung zu ermöglichen, mußte aber bereits von der Substanz gelebt werden, weil die Einfuhr die Ausfuhr überstieg und unsichtbare Kredite, aus denen der Ueberschuß der Einfuhr hätte bezahlt werden können, nicht mehr zur

Verfügung standen. Das Carnegie - Institute of Economics berechnet für das Jahr 1921 den Papiermarkwert dieser GM. 17 Milliarden auf GM. 485 Milliarden. Von dieser Summe nahmen die Reichsregierung, Länder und Gemeinden im Jahre 1921 als Steuern GM. 111 Milliarden, das sind 23 pCt. des Gesamtvolkseinkommens, für sich in Anspruch.

Das Carnegie - Institute of Economics vergleicht diesen Prozentsatz mit demjenigen anderer Länder und kommt zu folgendem Ergebnis, das sich mit Schätzungen deckt, welche der Völkerbund mit Hilfe ganz anderer Berechnungsmethoden erhalten hat. Hiernach betrugen Volkseinkommen und der Prozentsatz der Besteuerung im Jahre 1920

in Frankreich	GM. 1130 bzw.	18 pCt.
in Groß-Britannien . . .	„ 1827 „	30 „

Derselbe Prozentsatz belief sich gemäß eines von dem National Conference Board für die Vereinigten Staaten vorgenommenen Untersuchung dort auf $14^1/_8$ pCt.

Für das Jahr 1923 hat sich das Steueraufkommen Deutschlands nach den vorliegenden Schätzungen auf GM. 140 pro Kopf gehoben, was bei Einsetzung des inzwischen zweifellos gesunkenen Einkommens pro Kopf von GM. 409, wie es im Jahre 1921 bestand, einem Satze von beinahe 34 pCt. entspräche.

Es liegt auf der Hand, daß eine Abgabe von 23 pCt. bzw. 30 pCt. bei einem Einkommen von GM. 409 viel schwerer drückt, als eine solche von 30 pCt. bei einem Einkommen von GM. 1827, und man kann sich deshalb nur den Ausführungen des Carnegie - Institute of Economics anschließen, wenn es sagt:

„Wir haben diese Berechnung des Prozentsatzes des deutschen Volkseinkommens, das durch Steuern in Anspruch genommen wird, deshalb gemacht, weil sie ein Schlaglicht auf die so häufige Behauptung wirft, die deutsche Regierung habe keine wirkliche Anstrengung auf dem Gebiete der Besteuerung gemacht."

Wenn demgegenüber darauf hingewiesen werden sollte, daß infolge der Inflation ein erheblicher Teil des der deutschen Regierung gezahlten Geldes keine Beschränkung der Kaufkraft der Steuerzahler bedeutet habe, muß betont werden, daß die Inflation sich als eine in ihrem Umfange gar nicht abmeßbare Steuer darstellte, welche der Staat der Gesamtheit seinen Angehörigen auferlegte und welche einer Konfiskation erheblicher Teile des Volksvermögens gleichkam.

Die vorerwähnten Ziffern geben zu der Frage Anlaß, worauf sich die Behauptung der Sachverständigen gründet, daß die Gesamtsteuerbelastung Deutschlands nicht der Belastung der Bevölkerung in den Ländern der Alliierten entspricht. Die Sachverständigen stellen diese Behauptung als Tatsache hin, ohne dieselbe im einzelnen zu begründen. Das von ihnen angeführte Argument, Deutschland sei durch die Inflation seiner inneren Schulden ledig geworden und dadurch die Steuerlast, die der Verzinsung und Tilgung der inneren Anleihen entsprechen würde, verschwunden, enthält einen Trugschluß. Wenn der Staat durch die Inflation als Schuldner von seinen Verpflichtungen befreit worden ist, so hat andererseits die Masse seiner Steuerzahler in ihrer Eigenschaft als Gläubiger des Staates die entsprechenden Forderungen an diesen verloren. Der durch Schuldenausgleich entstandenen Vermögensvermehrung des Staates entspricht also eine ebenso große Vermögenseinbuße auf seiten der Steuerzahler, welcher kein Ausgleich irgendwelcher Art gegenübersteht. Die Steuerkraft des Landes hat sich also entsprechend vermindert.

Nach dem Gesagten dürfte es nicht als unbillige Forderung erscheinen, wenn eine Prüfung derjenigen Daten verlangt wird, auf welche sich die Behauptung der Sachverständigen gründet, daß Deutschlands Steuerlast minder schwer sei, als die der alliierten Staaten. Die vorgeführten Vergleichsziffern berechtigen dazu, in die Richtigkeit dieser Behauptung starke Zweifel zu setzen und vielmehr anzunehmen, daß Deutschland die in dem Vertrage von Versailles festgelegte Forderung erfüllt hat, wonach seine Steuerlast ebenso schwer sein müsse, wie die irgend eines der alliierten Länder.

Der in den Sachverständigen-Gutachten wiederholt wiederkehrende Hinweis, daß während der Inflationszeit in Deutschland vielfach zu wenig Steuern gezahlt worden seien, betont eine Selbstverständlichkeit, die keinem mit Inflation arbeitenden Lande bisher erspart worden ist, berechtigt aber nicht, der Zukunft Lasten aufzubürden, die jedes Leben ersticken müssen.

Sind die Deutschland auferlegten Lasten tragbar?

Die bisherigen Ausführungen zeigen, daß die beiden Voraussetzungen genereller Art, welche den Schätzungen der Sachverständigen zugrunde liegen, nämlich daß Deutschland keine nennenswerten Verwüstungen erlitten habe und keine derjenigen der alliierten Länder an Schwere verhältnismäßig gleiche Steuerlast trage, im Lichte eingehenderer Untersuchung keinen Bestand haben. Das gleiche ergibt sich, wenn man der Frage nähertritt, ob die seitens der Sachverständigen Deutschland zugemessenen Leistungen als tragbar bezeichnet werden können.

Bei Prüfung dieses Kernpunktes der Gutachten ist auf folgendes Bedacht zu nehmen: Die Sachverständigen akzeptieren den zuerst von dem Carnegie-Institute of Economics bei Prüfung der Zahlungsfähigkeit Deutschlands aufgestellten Grundsatz, daß Zahlungen eines Staates an einen anderen nur in Höhe des seitens des zahlenden Staates erzielten Exportüberschusses möglich sind und bauen auf dieser Annahme das weiter unten zu erörternde System der Zahlungsüberweisung der Reparationsleistungen auf. Gleichzeitig verfechten die Sachverständigen aber den Standpunkt, den Maßstab der Leistungsfähigkeit Deutschlands in der Differenz zwischen seinen Höchsteinkünften und den Mindestausgaben für seine eigenen Bedürfnisse zu erblicken und auf Grund dieses Maßstabes Leistungen zu verlangen, deren Höhe unabhängig von der Möglichkeit ihrer Transferierbarkeit festgesetzt wird. Im Ausbau dieses Gedankens wird folgerichtig der Weg des Eingriffs in die private und staatliche Wirtschaft Deutschlands beschritten, um deren Leistungen für die Reparationszwecke abzufangen. Die diesem Zwecke dienenden Einrichtungen führen zu weitgehender Schmälerung unserer Staatshoheit und der Freiheit unserer Wirtschaft und bringen unser ganzes Dasein als selbständiges Volk in eine, in ihrer Tragweite gar nicht zu übersehende Abhängigkeit von fremder Willkür.

Es läßt sich deutlich verfolgen, wie in den Gutachten und ihren Ausführungsbestimmungen die beiden heterogenen Grundsätze: Zahlung mit Hilfe des Exportüberschusses, Belastung bis zur Grenze des Existenzminimums dauernd miteinander ringen. Man hat zwar begonnen einzusehen, daß man die Kuh, die man melken will, nicht schlachten darf, der widerstreitende französische Einfluß, der sich nur notgedrungen und unter stetem Aufbäumen gegen die Logik der Tatsachen zu irgendwelchem Abweichen von der wahren Herzensmeinung des „vingt millions de trop“ bewegen läßt, hat aber dafür gesorgt, daß alles nur Erdenkliche vorgesehen worden ist, um zu verhindern, daß die Milchkuh soweit zu Kräften komme, daß sie einmal wieder — auch nur wirtschaftlich — stoßen könne.

Die Leistungen, die Deutschland vorgeschrieben werden, zerfallen in

1. Zahlungen aus dem Haushaltsüberschuß bis zum Betrage von jährlich GM. 1 250 000 000.
2. Verzinsung und Tilgung einer GM. 11 Milliarden betragenden Eisenbahnanleihe, die zu 5 pCt. verzinslich, mit 1 pCt. amortisierbar ist.
3. Ausschreibung einer Transportsteuer der Eisenbahn in Höhe von 7 pCt. auf die Roheinnahmen des gesamten Frachtverkehrs mit Ausnahme der Kohlenfrachten und von 10 bis 16 pCt. auf die

Einnahmen des gesamten Personenverkehrs, zahlbar während der Dauer der Obligationenanleihe.

4. Ausgabe einer Anleihe von GM. 5 Milliarden seitens der deutschen Industrie, die hypothekarisch an erster Stelle sichergestellt wird und mit jährlich 5 pCt. verzinslich und mit 1 pCt. amortisierbar ist.
5. Ueberweisung der Abgaben auf Zölle, Tabak, Bier und Zucker, welche direkt von den Alliierten vereinnahmt werden sollen.
6. Sachlieferungen, deren Bezahlung durch Aufnahme einer äußeren Anleihe im Betrage von GM. 800 000 000 ermöglicht werden soll.

Das Gesamtbild der während der Zeit bis zum Normaljahr 1928/29 für die Reparationsleistungen zu verwendenden Erträge ergibt die nachfolgende Tabelle (in Millionen):

	Budget	Zahlungen aus Eisenbahn			Industr.-Obligat.-Zinsen	Außen-Anleihe	Summe
		Obligations-zinsen	Transport-Steuer	Vorz.-Akt.			
1. Jahr (1924/25)	—	200	—	—	—	800	1000
2. Jahr (1925/26)	—	{465 130	250	250	125	—	1220
3. Jahr (1926/27)	110	550	290	—	250	—	1200
4. Jahr (1927/28)	500	660	290	—	300	—	1750
5. Jahr (1928/29)	1250	660	290	—	300	—	2500

Die Ziffern für 1926/27 und 1927/28 sind nach oben oder unten um $^1/_3$ veränderlich, je nach dem Aufkommen aus den verschiedenen Steuerquellen. Das Jahr 1928/29 wird als Normaljahr angesehen, in welchem die Summe von GM. 1 250 000 000 zu zahlen ist, die alsdann in allen weiteren Jahren ebenfalls aus dem Etat jährlich bestritten werden muß. Die Normalzahlung von GM. 1 250 000 000 ist aber von dem

Etatsjahr 1930 ab entsprechend einem besonders berechneten Wohlfahrtsindex erhöhbar, dem die prozentuale Zunahme des Eisenbahnverkehrs, der Bevölkerung, des Außenhandels, des Verbrauchs an Tabak, der Budgetausgaben und des Kohlenverbrauchs in der Weise zugrunde gelegt werden sollen, daß der Durchschnitt aus diesen 6 Prozentsätzen während der Jahre 1926, 1927, 1928 und 1929 den Maßstab für den Vertragsleistungen zuzufügende Zuschläge bilden soll. Endlich ist vorgesehen, daß die Leistungen sich mindern oder steigern sollen entsprechend der allgemeinen Kaufkraft des Goldes, sobald nach der Entscheidung einer unparteiischen Stelle diese Kaufkraft sich um 10 pCt. erhöht oder erniedrigt, eine Bestimmung, die als außerordentlich bedenklich bezeichnet werden muß.

Dem Wohlfahrtsindex wird kein Armutsindex gegenübergestellt. Auch bei einer Minderung des Index müssen die Grundzahlungen weiter geleistet werden. Die einzige Erleichterung, die für diesen Fall zugestanden wird, ist, daß die Defizits früherer Jahre aus späteren Erholungen gedeckt werden müssen, bevor die Erhöhung erhoben wird.

Die Sachverständigen geben nicht an, wie sie zu der von ihnen festgesetzten Normal-Jahresleistung von insgesamt GM. 2 500 000 000 gelangt sind. Diese Ziffer lehnt sich offensichtlich an den Londoner Zahlungsplan vom Mai 1921 an, der eine Jahreszahlung von GM. 2 Milliarden zuzüglich 26 pCt. der Gesamtausfuhr vorsieht.

Es hat den Anschein, als ob die Sachverständigen bei Festsetzung der jetzt geforderten Leistungen in der Weise zu Werke gegangen sind, daß sie den aus den Abgaben auf Zölle, Tabak, Bier, Alkohol und Zucker zu bestreitenden Beträgen das aus diesen Quellen im letzten Friedensjahr 1913 erzielte Einkommen unter Umrechnung der Gesamtziffer desselben auf den jetzt gültigen Großhandelsindex zugrunde gelegt haben — ein sehr einfaches Verfahren, das aber die „Verwüstungen", welche Deutschland erlitten hat, völlig außer acht läßt.

Die Wahrscheinlichkeit dieses von mir vermuteten Gedankenganges und der darin liegende Fehlschluß werden durch die folgende Zusammenstellung vor Augen geführt.

Die Jahresleistung von GM. 2,5 Milliarden gliedert sich wie folgt:

	GM.
6 pCt. Annuität von GM. 11 Milliarden Eisenbahnanleihe	660
6 pCt. Annuität von GM. 5 Milliarden Industrie-Anleihe	300
Um die Gesamtleistung voll zu machen, müssen also die Abgaben auf Zölle, Tabak, Bier, Alkohol, Zucker, Transportsteuer jährlich erbringen mindestens .	1540
Summa	2500

Vergleicht man die Einnahmen aus den letztgenannten Titeln in der Friedenszeit mit der Gegenwart, so ergibt sich folgendes Bild:

Es erbrachten:	Millionen GM. 1913	Millionen GM. im 1. Quartal 1924
Alkohol:		
Branntweinsteuer .	195,4	17,0
Schaumweinsteuer	10,7	—
Weinsteuer . . .	—	15,8
Tabak	10,8	42,4
Zigaretten	36,5	—
Bier	124,8	26,7
Zucker	157,6	28,6
Zölle	721,5	43,4
Transportsteuer . .	—	13,3
	1257,3	187,2

Rechnet man, um diese Ziffern miteinander vergleichen zu können, das Aufkommen des Jahres 1913 auf einen Großhandelsindex von 125 pCt. um und legt das Aufkommen des ersten Quartals des Jahres 1924 dem gesamten Aufkommen dieses Jahres zugrunde, so erhält man als Vergleichsziffern

für 1913	. .	GM. 1 570 000 000
und für 1924	. .	GM. 749 000 000.

Das auf den Gegenwartswert umgerechnete Erträgnis der Einnahmen aus Alkohol, Tabak, Bier, Zucker und Zöllen deckt sich also mit dem Betrage, den diese Steuerquellen zu der Jahres-Reparationsleistung beisteuern sollen, und es gewinnt mithin den Anschein, als ob die Sachverständigen tatsächlich von den Ziffern des Jahres 1913 ausgegangen sind, ungeachtet der Verstümmelungen und Verwüstungen, die Deutschland seitdem erlitten hat und ungeachtet der Tatsache, daß, wie der Vergleich mit dem Jahre 1924 zeigt, gegenwärtig noch nicht 50 pCt. des Aufkommens dieser Quellen im Jahre 1913 erzielt werden können.

Zur Begründung ihrer Forderungen berufen sich die Sachverständigen darauf, daß die deutschen Behörden die Einnahmen aus den fraglichen Quellen ohne die Zölle für das Jahr 1928/29 auf GM. 1 700 000 000 schätzen und zu Rate gezogene technische Sachverständige sogar zu einer Schätzung von GM. 2 146 000 000 gelangen. Ein Nachweis der Schätzungsziffern der Sachverständigen ist nur hinsichtlich der Einnahmen aus dem Tabak gegeben, dessen Besteuerung auf völlig neue Grundlage gestellt wird. Im übrigen fehlt jeder Anhalt für das Zustandekommen dieser Zahlen. Es wäre sehr interessant zu erfahren, welche deutsche Behörde die obenerwähnte Schätzung für eine so weit abliegende und entwicklungsmäßig noch gar nicht übersehbare Zeit wie das Jahr 1928/29 vorgenommen und auf welche Unterlagen sie sich hierbei gestützt hat.

Eine traurige Tatsache ist, daß es erst fremden Zwanges bedarf, um die deutsche Regierung zu veranlassen, Alkohol und Tabak einer starken Besteuerung zu unterwerfen. Ich selber habe bereits in meinem dem Deutschen Bankiertag im Oktober 1920 über die damalige Lage des deutschen Finanzwesens erstatteten Referat und ebenso in meinem auf der Hauptausschußsitzung des Reichsverbandes der deutschen Industrie im Juni 1921 über die Wirkungen des Londoner Ultimatums gehaltenen Vortrage eindringlichst gefordert, daß dem übermäßigen, völlig unberechtigter Weise gesteigerten Konsum an Alkohol und Tabak ein Halt gesetzt und durch energische Steuerausschreibung zu Leibe gegangen werde, nicht nur um die Staatseinnahmen zu erhöhen, sondern auch um erziehlich zu wirken und der unter den Wirkungen des Krieges verwahrlosten Jugend den Zwang der Sparsamkeit aufzuerlegen. Mein Ruf ist verhallt. Keine der politischen Parteien wollte sich beim Kampf um die Gunst der Massen dem Odium aussetzen, den Konsum dieser beiden Genußmittel erschwert zu haben, und so ist es beim Schlendrian der Nachkriegszeit geblieben. Wir mußten einen anwidernden Ueberfluß kostspieliger Anpreisungen größten Formates von Likören und Zigaretten weiter über uns ergehen lassen und uns damit abfinden, daß das deutsche Volk angesichts des Mangels zielbewußter und fester Führung sich selbst nach innen und außen durch dieses bequeme laissez faire, laissez aller den größten Schaden zufügte: nach innen, weil es sich, ohne durch Klima oder wirkliches Bedürfnis dazu veranlaßt zu sein, beinahe krampfhaft den gedankenlosen Genuß von Reizmitteln angewöhnte, deren übermäßiger Konsum stets der Beweis der Rassendekadenz war; nach außen, weil es für jeden unbefangenen Beobachter schwer war, an die von uns behauptete Not zu glauben, wenn er die Spalten unserer Tageszeitungen mit Annoncen von Likör- und Zigarettenfabriken bedeckt sah und wahrnahm, in welchem Umfange besonders die halbwüchsige Jugend beiderlei Geschlechts das Geld für diese Erzeugnisse zum Fenster hinauswarf. Aber was half aller Ingrimm über diese Verirrung? Jetzt erleben wir die Schmach, daß fremde Kommissionen uns lehren werden, wie Erzeugung und Verbrauch der beiden Hauptzerstörer der Volkskraft staatlicherseits geregelt werden sollen!

Hervorzuheben ist in diesem Zusammenhange noch, daß die Durchführung der Kontrolle der als Sicherheit für die Reparationsleistungen überwiesenen Einnahmen, welche einem ausländischen Kommissar und je einem Unterkommissar für die fünf kontrollierten Einnahmen und einem beratenden, mit Vertretern der alliierten Mächte besetzten Komitee überwiesen wird, eine sehr weitgehende Einmischung in unsere wirtschaftliche Selbständigkeit mit sich bringt. Der Kommissar soll berechtigt sein, alle abgabepflichtigen Fabrikanlagen zu überwachen und über deren Verwaltung jede ihm erforderlich erscheinende Auskunft zu verlangen, technische Verbesserungen zu fordern und vor Erlaß von Verwaltungsmaßregeln Mitteilung zu beanspruchen. *Insbesondere soll aber die deutsche Regierung nicht berechtigt sein, die Sätze der überwiesenen Einkünfte ohne Einwilligung des Kommissars herabzusetzen, die nur erteilt werden kann, wenn das beratende Komitee sie durch Mehrheitsbeschluß gebilligt hat.*

Es wird nichts darüber gesagt, welche Garantien dafür bestehen sollen, daß die Fabrikgeheimnisse der überwachten Unternehmungen von dem Kommissar, den Unterkommissaren und den Mitgliedern des beratenden Komitees als Dienstgeheimnisse behandelt werden. Es besteht auch keine Garantie, daß das beratende Komitee nicht aus „sachverständigen“ Personen zusammengesetzt sein wird, welche das Konkurrenz-Interesse haben, sich den durch ihre Tätigkeit gewonnenen Einblick in die deutsche Technik und die deutschen Handelsbeziehungen für ihre eigenen Betriebe nutzbar zu machen. Nach allem, was wir an Handelsspionage im besetzten Gebiete erlebt haben, ist größtes Mißtrauen nach dieser Richtung geboten.

Des weiteren könnte Deutschland aber durch die Vorschrift, ohne Einwilligung der Ueberwachungsorgane keine Herabsetzung der in Betracht kommenden Zölle vorzunehmen, vollkommen handelsvertragsunfähig gemacht werden. Die in einer solchen Bestimmung liegende Gefahr wäre außerordentlich groß. Das Ziel, die Reparationsleistungen auf großmöglichster Höhe zu halten, rechtfertigt allein nicht die durch ein solches Verbot erfolgende Beschneidung wichtiger Souveränitätsrechte und ließe sich auch durch andere Mittel erreichen. Es drängt sich die Frage auf, ob hier eine Knebelung Deutschlands auf außenpolitischem Gebiete gewollt ist, die seine Abhängigkeit von den Entente-Staaten festzulegen bestimmt ist und Folgen von gar nicht übersehbarer Tragweite in sich schließen würde.

Es soll nunmehr versucht werden, sich ein Urteil darüber zu bilden, welche Belastung die deutsche Wirtschaft überhaupt verträgt. Die einzige Möglichkeit, nach dieser Richtung verläßliche Daten zu gewinnen, ist, zu prüfen, in welchem Umfange die Möglichkeit besteht, Exportüberschüsse zu bilden, da sie allein gestattet, ohne Erschütterung der die Grundlage jedes Etatsgleichgewichts bildenden Stabilität der Währung, Zahlungen an das Ausland zu leisten. Es liegen über dieses Thema eingehende Untersuchungen in der bereits erwähnten Denkschrift des Carnegie-Institute of Economics vor. Deren Verfasser gehen hierbei derart zuwege, daß sie Deutschlands Zahlungskapazität vor und nach dem Kriege vergleichen. Sie gelangen hierdurch zu folgenden Ergebnissen:

Die deutsche Handelsbilanz war während der letzten 20 Jahre vor dem Kriege stets passiv. Ihr Minus betrug in den letzten 4 Jahrfünften vor dem Kriege durchschnittlich

Goldmark	87 000 000
„	145 000 000
„	248 000 000
„	195 000 000.

Diese sich als Einfuhrüberschuß ergebenden Beträge wurden ausgeglichen durch die Zinsen des im Auslande angelegten deutschen Kapitals, durch die Erträgnisse der Seeschiffahrt und des Binnenverkehrs und durch die Einnahmen aus dem Bank- und Versicherungswesen. Nähere Untersuchung zeigt, daß die Einnahmen aus dieser unsichtbaren Einfuhr die Passivität der Handelsbilanz in den letzten 20 Jahren vor dem Kriege zwar wettmachten, aber in dem Jahrzehnt vor dem Kriege, verglichen mit dem vorhergehenden Jahrzehnt, bereits einen Rückgang aufwiesen. Die Mehrzahl der diese Periode behandelnden Autoren ist darin einig, daß Deutschland in der Zeit vor dem Kriege in seinen Auslands-Anlagen seine dauernde wirtschaftliche Leistungsfähigkeit bereits überschritten hatte und dementsprechend diese Anlagen jährlich verkleinern mußte.

Die Gesamtheit der deutschen Anlagen im Auslande im Jahre 1913 wird auf Grund verschiedener Schätzungen mit annähernd GM. 20 Milliarden, das jährliche Reineinkommen aus diesen Anlagen nach Vorkriegswerten berechnet, auf etwa GM. 400 Millionen beziffert.

Diese Summe von GM. 400 Millionen wäre aber nicht in voller Höhe für Zahlungen an das Ausland frei gewesen, denn aus ihr wurde der Zuwachs der Auslandsanlagen bestritten, die deren Bestand von GM. 12 Milliarden im Jahre 1893 auf die erwähnte Summe von GM. 20 Milliarden im Jahre 1913 erhöht haben. Hätte Deutschland während dieser Zeit stets seine gesamte Netto-Zahlungsbilanz zur Begleichung ausländischer Verpflichtungen verbraucht und keinen Teil dieses Einkommens zu Neuanlagen verwendet, so würde seine Fähigkeit zur Bezahlung ausländischer Verpflichtungen in der gedachten Höhe entsprechend gesunken sein.

M o u l t o n und M c G u i r e berechnen den Betrag, den Deutschland ohne Verbrauch der in den Auslandsanlagen ruhenden Substanz jährlich als Ueberschuß aus seinen Auslandsanlagen zu Zahlungen hätte verwenden können, auf GM. 200 Millionen, welcher Betrag bei Einsetzung der gegenwärtigen Goldpreise, die ungefähr 60 pCt. höher sind, als sie im Jahre 1913 waren, einem Gegenwartswert von GM. 400 Millionen entsprechen würde.

Die genannten Autoren legen diese Ziffern als Basis der Annahme zugrunde, daß es Deutschland überhaupt gelingen sollte, die wirtschaftliche Kraft wiederzugewinnen, welche es vor dem Kriege besaß und weisen nach, wie verfehlt und der Wirklichkeit ins Gesicht schlagend bereits die Festsetzung des Londoner Ultimatums war, wonach Deutschland jährlich GM. 2 Milliarden zuzüglich eines Betrages in Höhe von 26 pCt. des Wertes seiner Gesamtausfuhr aufbringen sollte. Der letztere Betrag würde sich unter Zugrundelegung der Ausfuhrzahlen für die 20 Jahre von 1893 bis 1913 durchschnittlich auf etwa GM. 1 500 000 000 belaufen haben, so daß also im ganzen auf Grundlage der Ausfuhrzahlen vor dem Kriege GM. 3 500 000 000 als durchschnittliche jährliche Zahlung nach dem Londoner Ultimatum zu leisten gewesen wären. Der Vergleich dieser diktierten Zahlen, mit denen, wie sie ein in voller Kraft befindliches Deutschland zur Zeit seiner höchsten wirtschaftlichen Blüte hätte aufbringen können, zeigt, daß nur etwa 6 pCt. der phantastischen Diktatziffer des Londoner Ultimatums in Wirklichkeit hätten gezahlt werden können. Moulton und McGuire untersuchen in gründlichster Weise, ob etwa Deutschland in der Lage gewesen wäre, in der Vorkriegszeit seine Zahlungsbilanz durch Beschränkung der Einfuhr zu erhöhen. Sie kommen nach sorgfältiger Prüfung dazu, festzustellen, daß, wenn Deutschland seine Einfuhr an Luxuswaren, Nahrungsmitteln, Fertigwaren und Rohstoffen auf das äußerste beschränkt haben würde, es in dem Rekordjahr 1913 seines Ausfuhrhandels, als es noch die hochproduktiven Gebiete Elsaß-Lothringen, Posen, Westpreußen und Oberschlesien besaß, im Vollbesitz seiner Kolonien und Flotte und seiner ausgedehnten, im Auslande in Jahrzehnten aufgebauten Anlagen war, einmal allerhöchstens die Hälfte der in dem Londoner Ultimatum festgesetzten Beträge hätte zahlen können, wohlgemerkt, unter Verzicht auf Beiseitestellung desjenigen Teils der Auslandseinnahmen, welche für die Erhaltung dieses reserviert werden müssen, um dauernd aus ihnen gleichlaufende Beträge zu erzielen, also bei rücksichtsloser Raubausbeutung der Substanz!

Moulton und McGuire gehen von dieser Grundlage aus in der Weise zu Werke, daß sie diese Ziffern der Vorkriegszahlungsbilanz mit denen der Nachkriegszahlungsbilanz vergleichen. Hierbei spielt naturgemäß die Frage eine große Rolle, welcher ausländische Besitz Deutschland geblieben ist, da dieser das Fundament der unsichtbaren Einfuhr zu bilden hat. Moulton und McGuire stellen fest, daß Deutschland bis Ende Dezember 1918 seinen ausländischen Besitz fast ganz verloren hatte und gelangen, übrigens in Uebereinstimmung mit Keynes, dazu, den ausländischen Besitz für die Zeit des Kriegsendes mit etwa 1 bis 2 Milliarden GM. anzusetzen. Die passive Zahlungsbilanz in den Jahren 1919 bis 1922 hat sich dahin entwickelt, daß die fehlenden Summen betrugen

im Jahre 1919	GM.	4,8	Milliarden
„ „ 1920	„	1,9	„
„ „ 1921	„	2,1	„
„ „ 1922	„	2,2	„
in Summa	GM.	11,0	Milliarden.

Gegenüber diesen Beträgen werden die Posten der unsichtbaren Einfuhr aus verschiedenen Quellen auf höchstens GM. 1 Milliarde beziffert, so daß also die Zahlungsbilanz der Jahre 1919 bis 1922 ein Gesamtdefizit von GM. 11 Milliarden ergibt. Deutschland hat mittels heroischer Anstrengung trotz dieses Ausfuhrdefizits von GM. 10 Milliarden in der Zeit bis zum 31. Dezember 1922 die gewaltigsten Tributleistungen vollzogen, die überhaupt ein Volk jemals zustande gebracht hat und nach den von Lujo Brentano in seiner 1923 erschienenen Schrift: „Was Deutschland gezahlt hat“ angestellten Berechnungen an die Alliierten den ungeheuren Betrag von GM. 55 917 309 851 abgeführt. Diese Ziffer setzt sich wie folgt zusammen:

a) Es wurden auf Reparationskonto gemäß dem Friedensvertrage von Versailles geleistet:

1.	Barzahlungen	GM.	1 780 016 456
2.	Kohlen und Koks	„	2 424 400 000
3.	Kohlennebenprodukte . . .	„	43 000 000
4.	Farbstoffe und pharmazeutische Artikel	„	200 000 000
5.	Vieh	„	274 194 000
6.	Landwirtschaftl. Maschinen .	„	31 040 000
7.	Wiederaufbaulieferungen . .	„	290 686 794
8.	Wiederherstellung der Universität Löwen	„	13 758 585
9.	See- und Binnenschiffe . .	„	4 753 441 068
10.	Eisenbahnmaterial	„	1 927 943 774
11.	Lastkraftwagen	„	115 673 853
12.	Verkauftes Kriegsmaterial (Schrotterlöse)	„	200 000 000
13.	Englische Reparationsabgabe	„	163 160 182
14.	Nichtmilitärischer Rücklaß an der Westfront	„	1 891 150 387
15.	Privatkabel	„	77 800 000
16.	Abgegebene Wertpapiere . .	„	392 642 671
17.	Saargruben	„	1 017 126 890
18.	Abgetretenes Reichs- und Staatseigentum	„	5 032 106 032
19.	Anteil an der Reichs- und Staatsschuld	„	644 414 415
20.	Abgetretene Forderungen . .	„	8 600 000 000
21.	Der Liquidation unterliegendes deutsches Privateigentum im Ausland	„	11 740 000 000
		GM.	41 612 555 107

b) Außerdem wurden folgende, nach den Bestimmungen des Versailler Vertrages auf Reparationskonto nicht anrechnungsfähige Leistungen ausgeführt:

Staatskabel	GM.	1 609 744
Reichs- und Staatseigentum in Eupen, Malmedy	„	150 000 000
Restitutionen und Substitutionen	„	446 250 000
Innerere Besatzungskosten	„	895 000 000
Kosten der interalliierten Kommissionen	„	94 000 000
Abgelieferte Kriegsschiffe	„	1 417 000 000
Nichtmilitärischer Rücklaß an der Ostfront	„	1 050 000 000
Militärische und industrielle Abrüstung	„	8 950 000 000
Zahlungen im Ausgleichsverfahren	„	615 000 000
Verschiedenes	„	685 895 000
	GM.	14 304 754 744

in Summa:

a)	GM.	41 612 555 107
b)	„	14 304 754 744
	GM.	55 917 309 851

Es ist sehr sonderbar, daß die Sachverständigen in allen ihren Ausführungen dieser Leistungen mit keinem Worte gedenken, weder, indem sie prüfen, wieweit diese Leistungen die Zahlungsfähigkeit Deutschlands beeinflussen, noch, indem sie zu der Frage Stellung nehmen, in welcher Weise die Anrechnung dieser Leistungen auf die von ihnen selbst geforderten Zahlungen erfolgen soll. Auf den letzteren Punkt wird später eingegangen werden. An dieser Stelle soll nur erörtert werden, in welcher Weise die Ausführung dieser Zahlungen und Leistungen durchgeführt worden ist, weil nur diese Prüfung ermöglicht festzustellen, ob und in welchem Umfange Deutschland gegenwärtig die Kraft besitzt, überhaupt noch irgendwelche Leistungsüberschüsse an das Ausland abzuführen. Auch Moulton und McGuire widmen dieser Frage eingehende Untersuchungen. Der Einfachheit halber soll an dieser Stelle in keine Diskussion darüber eingetreten werden, ob die von deutscher Seite errechneten, oben angegebenen Ziffern der erfolgten Leistungen oder die von ausländischer Seite aufgestellte die richtige ist. Moulton und McGuire gelangen dazu, die Reparationszahlungen, Sachlieferungen und Vermögensübertragungen, welche bis zum 30. Oktober 1923 stattgefunden haben, auf GM. 25,8 Milliarden zu schätzen, betonen aber ausdrücklich, daß diese Ziffern nur die Eigentumsverluste umfassen, welche Deutschland im Zusammenhang mit der Erfüllung der Reparationsbestimmungen des Versailler Vertrages erlitten hat, dagegen alle Gebietsübertragungen, sowie die Kosten der Wiedererstattung der militärischen Besatzung, des Ausgleichsverfahrens und der gesamten Friedensvertragsabwicklung nicht umfassen.

Jedenfalls sind diese gewaltigen Leistungen vollbracht worden, ohne daß ein Ueberschuß in der Zahlungsbilanz noch bestand und haben dazu geführt, daß alle nach dieser Richtung etwa noch bestehenden Möglichkeiten nunmehr völlig erschöpft sind.

Von den bis Ende 1922 aufgebrachten Reparationsleistungen entfallen auf Barzahlungen rund Goldmark 2,8 Milliarden, so daß also zuzüglich des Ausfuhrdefizits während dieser Zeit ein Betrag von rund GM. 12,8 Milliarden aufzubringen war. Derselbe ist nach Ermittlungen von Keynes im Betrage von GM. 11 Milliarden in folgender Weise beschafft worden:

Goldausfuhr	GM.	1,25	Milliarden
ins Ausland verkaufte Papiermark-Banknoten	„	3,5	„
ausländische Guthaben bei deutschen Banken	„	3,0	„
Anlagen in deutschen Schuldverschreibungen	„	1,5	„
	GM.	9,25	Milliarden

Uebertrag	GM. 9,25	Milliarden
Verkauf von deutschen Aktien und deutschem Grundbesitz	„ 1,0	„
Deutschland gewährte kurzfristige Handelskredite . .	„ 0,75	„
	GM. 11,00	Milliarden

so daß also noch GM. 1,8 Milliarden auf andere Weise gezahlt wurden.

Alle Möglichkeiten, solche Zahlungen des Ferneren zu leisten, sind nunmehr verbraucht. Die Liquidation der deutschen Anlagen im Auslande ist nahezu beendet, der Verkauf deutscher Aktien und deutschen Grundbesitzes an Ausländer läßt sich so gut wie gar nicht mehr durchführen und der Verkauf von Papiermark ist bereits einige Zeit vor Einführung der Rentenmark zum Erliegen gekommen.

In Verbindung mit dieser Untersuchung steht naturgemäß die Frage, ob und in welchem Umfange Guthaben Deutscher im Auslande vorhanden sind, die nunmehr dazu dienen könnten, eine unsichtbare Einfuhr zu stützen.

Der Bericht der Zweiten Sachverständigen-Kommission, der sogenannte McKenna-Bericht, gelangt dazu, diesen Betrag für Ende des Jahres 1923 mit nicht weniger als GM. 5,7 Milliarden und nicht mehr als GM. 7,8, also im Mittel mit GM. 6,75 Milliarden anzusetzen. Moulton und McGuire kommen demgegenüber dazu, die von McKenna bereits im Herbst 1922 aufgestellte Schätzung dieses Betrages von GM. 4 Milliarden für zu hoch anzusehen und vertreten die Auffassung, daß seit dem Ruhreinfall dieser Betrag sich noch erheblich verringert hat, weil er zur Bezahlung von Einfuhr verwendet werden mußte.

Die von der Zweiten Sachverständigen-Kommission zur Begründung ihrer Ziffern gegebenen Darlegungen sind sehr interessant, weil sie zeigen, wie gefährlich es ist, wenn Feststellungen von so ungeheurer Tragweite, wie sie diejenigen der Sachverständigen sind, ohne Vorlegung aller sie begründenden Unterlagen erfolgen. Die nähere Prüfung zeigt nämlich, daß der Zweiten Sachverständigen-Kommission erhebliche Irrtümer unterlaufen sein müssen. Die McKenna-Kommission hält sich für berechtigt, aus den Markguthaben, welche Ausländer bei deutschen Banken unterhalten haben, zu schließen, wieviel Papiermark an Ausländer verkauft worden sind und wieviele Devisen dementsprechend in deutschen Besitz übergegangen sind. Das McKenna-Komitee vertritt den Standpunkt und Keynes folgt ihm darin in seiner in Heft 17 des Wirtschaftsdienstes vom 25. April 1924 erschienenen Veröffentlichung, daß Deutschland aus dem Verkauf von Markguthaben infolge der Entwertung der Mark einen Gewinn von GM. 7 bis 8 Milliarden und durch den Verkauf von Markbanknoten im Auslande einen solchen von GM. 600 bis 700 Millionen gezogen hat und gelangt dementsprechend dazu, als Ausgleichsposten für das Defizit der Zahlungsbilanz GM. 7,6 bis 8,7 Milliarden einzusetzen. Als weitere Ausgleichsposten werden angenommen je GM. 1,5 Milliarden für Verkauf von Gold und für Verkauf von deutschem Grundbesitz und deutschen Wertpapieren. Es ist gänzlich ausgeschlossen, daß die diesen Schätzungen zugrunde liegende Rechnung, abgesehen von der Ziffer der Goldverkäufe, richtig ist.

Was zunächst die Guthaben betrifft, so scheint die Zweite Sachverständigen-Kommission den Fehler begangen zu haben, die auf ihr Ersuchen ihr seitens der Banken gelieferten Debet- und Kreditsalden, die auf den Konten von Ausländern in der Zeit von Ende 1918 bis Ende 1923 vorhanden waren, durchweg als Gegenwert von Devisenkäufen anzusehen, welche von deutscher Seite ausgeführt wurden. Es ist banklich vollkommen unmöglich, anzunehmen, daß diese fremden Gelder in ihrem ganzen Umfange den Gegenposten solcher Devisenkäufe darstellen. Der weitaus größte Teil aller Markgeschäfte hat sich im Ausland vollzogen und ist überhaupt nicht durch die

Bücher der deutschen Banken gegangen. Ebensowenig haben aber die ausländischen Konteninhaber ihre Markguthaben angesichts der Entwertung der Mark ruhig stehenlassen und dementsprechend die behaupteten Verluste erlitten. Der weit überwiegende Betrag dieser Guthaben ist lediglich zu dem Zwecke unterhalten worden, um in Effektenkäufen Verwendung zu finden und die Schätzungen, welche das McKenna-Komitee bezüglich der Verluste zum Schaden der Ausländer anstellt, lassen die ungeheuren Gewinne ganz außer acht, welche durch die Anlage des Auslandsgeldes in deutschen Effekten erzielt worden sind. Ganz im Gegensatz zu der Annahme des McKenna-Komitees, daß Deutschland den Gegenposten der Markentwertung bei diesen Konten als Gewinn zu buchen habe, muß betont werden, daß, infolge des mit Hilfe dieser Konten ausgeführten Ankaufs deutscher Effekten unter ihren Goldsubstanzwerten, Deutschland es war, das durch diese Transaktion außerordentlich große Verluste zugunsten des Auslandes erlitten hat.

Da der Bericht des McKenna-Komitees nicht die Ziffern enthält, auf denen er seine Schlußfolgerungen aufbaut, ist es unmöglich, ihn an der Hand dieser Ziffern zu widerlegen. Immerhin kann man aber folgende Schätzungsrechnung anstellen, ohne sich zu weit von der Wahrscheinlichkeit zu entfernen.

Die Kreditoren von 8 Berliner Großbanken und von den größeren Provinzbanken betrugen bei Einsetzung des Durchschnittswertes der Papiermark

im Jahre 1919 . . . GM. 4,75 Milliarden
„ „ 1920 . . . . „ 4,8 „

Bei den Berliner Großbanken, bei denen etwa 75 pCt. aller bei deutschen Banken überhaupt vorhandenen Ausländerkonten vereinigt waren, betrugen die Ausländerguthaben im Durchschnitt etwa 30 pCt. der Gesamtkreditoren. Man kommt hiernach für die Jahre 1919 und 1920 zu einer Schätzung der Ausländerguthaben bei den deutschen Banken im Betrage von etwa GM. 1,5 Milliarden und kann aus dieser Ziffer schließen, daß es unmöglich war, an diesen Kreditorenguthaben das 7- bis 8fache als Entwertungsgewinne zu erzielen. Es hat den Anschein, als ob die Sachverständigen des McKenna-Komitees ohne jede Unterscheidung des Zweckes der Anlagen der betreffenden Gelder alle fremden Auslandsgelder als Gegenwert von Devisenkäufen angesehen, des weiteren aber auch nicht unterschieden haben, bis zu welchem Grade die für Auslandskonten bei deutschen Banken geführten fremden Gelder tatsächlich Gelder von Ausländern und nicht Guthaben ausländischer Banken darstellten, welche sich als Anlagen bei ihnen geführter deutscher Konten charakterisierten. Es ist, wie Kuczynski in seinem soeben erscheinenden, hier bereits benutzten Artikel über dieses Thema in der von ihm herausgegebenen Deutsch-französischen Wirtschaftskorrespondenz hervorhebt, sehr bedauerlich, daß Keynes, der sich in Nr. 8 der Wirtschaftlichen Ergänzungsbände des Manchester Guardian vom 28. September 1922 bereits eingehend mit der Untersuchung der Höhe des Markverkaufs beschäftigt hatte und zu einer Höchstziffer von GM. 3,5 Milliarden und einer Gesamtzahl von etwa 300 000 Ausländerkonten gelangt war, offenbar eingeschüchtert durch die Bestimmtheit der Angaben der McKenna-Kommission, in seiner oben erwähnten jüngsten Veröffentlichung ohne weiteres klein beigibt und die Ziffern der Sachverständigen ohne weitere Kritik als richtig annimmt. Tatsächlich ist es aber ausgeschlossen, daß diese Ziffern zutreffen.

Ebenso abwegig ist die Schätzung des McKenna-Komitees bezüglich des Gegenwertes des an Ausländer verkauften deutschen Grundeigentums. Die bezüglich des Gegenwertes von Effektenverkäufen und Grundstücksverkäufen angeführte Ziffer von GM. 1,5 Milliarden ist ganz sicher falsch. Sind doch z. B. in Groß-Berlin allein für GM. 400 Millionen Häuser an Ausländer verkauft worden. Dementsprechend schätzen Moulton und McGuire auf Grund von ihnen vorgenommener genauer Berechnungen den Wert des städtischen Grundbesitzes, der an Ausländer übergegangen ist, allein auf GM. 4 Milliarden, den Wert von an Ausländer verkauftem ländlichen Besitz auf GM. 1 Milliarde und den Wert verkaufter Effekten auf GM. 3 Milliarden. Der Gegenwert dieser Verkäufe kann jedoch nicht der von Keynes geschätzten Verkaufssumme der 8 Milliarden Papiermark zugeschlagen werden, weil ein großer Teil dieser Käufe mit Papiermark ausgeführt wurde, die bereits früher auf Spekulation vom Ausland gekauft worden waren. Wenn man der Rechnung von Keynes folgt, wonach von der Gesamtsumme von 8 Milliarden Papiermark etwa 4,5 Milliarden Papiermark bei deutschen Banken für fremde Rechnung lagen oder in deutschen Schuldverschreibungen angelegt waren, so kann man mit Moulton und McGuire annehmen, daß die Hälfte der Gesamtanlagen in deutschem Grundbesitz und Effekten mittels Papiermark bezahlt worden ist.

Der Schluß aus diesen Darlegungen ergibt sich von selbst. Deutschland stehen in seiner heutigen Verfassung überhaupt keine Mittel mehr zur Verfügung, um aus Ausfuhrüberschüssen irgendwelche Zahlungen zu leisten, und es bleibt daher den Sachverständigen vorbehalten, ziffernmäßig und nicht nur mit allgemeinen Hinweisen auf eine glücklichere Zukunft den Beweis dafür anzutreten, daß Deutschland die von ihnen als Ueberschüsse geforderten Leistungen überhaupt aufzubringen vermag.

Moulton und McGuire gehen auch der Frage nach, wie es überhaupt möglich war, daß Deutschland die von den Sachverständigen vollkommen totgeschwiegenen Reparationszahlungen geleistet hat. Sie kommen auch bei dieser Prüfung zu dem Ergebnis, daß Deutschland alle Mittel zur Erfüllung dieser Verpflichtung erschöpft hat. Soll Deutschland überhaupt in die Lage kommen, seine wirtschaftliche Existenz fortzusetzen und außerdem noch Zahlungen für Reparationen aufzubringen, so muß es nach den Feststellungen von Moulton und McGuire mindestens eine jährliche Einfuhr im Werte von GM. 14 Milliarden erhalten und dementsprechend seine Ausfuhr auf einen solchen Mehrbetrag dieser Ziffer bringen, daß eine für Reparationszahlungen verfügbare Differenz übrigbleibt. Moulton und McGuire äußern erhebliche Zweifel, ob Deutschland imstande sein werde, überhaupt Märkte zu finden, welche ihm gestatten, diese Ausfuhrbeträge unterzubringen. Die Märkte Mittel-, Ost- und Südost-Europas sind ruiniert, diejenigen Westeuropas sehr stark beschnitten, Südamerika hat an Aufnahmefähigkeit durch die Verringerung des Absatzes seiner Produkte erheblich gelitten und die Vereinigten Staaten, die imstande wären, eine erhebliche Kaufkraft zu entfalten, haben sich auf eine Hochschutzzoll-Politik festgelegt, welche der Einfuhr aus Deutschland den Weg versperrt. Allenthalben trifft man auf das Bestreben, ein Wiederaufblühen des deutschen Außenhandels zu verhindern, und die Gutachten der Sachverständigen selbst lassen, wie noch gezeigt werden wird, das Bestreben erkennen, gegen eine Schädigung der überseeischen Märkte der Ententeländer durch Deutschland Vorkehrung zu treffen.

Wie angesichts dieses Zustandes seitens der Sachverständigen gefordert werden kann, daß Deutschland nach Erreichung seines angeblichen Normalzustandes jährlich GM. 2 500 000 000 an die Entente abführe, bleibt für jeden, der sich in das Zahlenwerk der Vergangenheit und Gegenwart vertieft, ein vollkommenes Rätsel. Anstatt daß die Gutachten Anhaltspunkte liefern, auf Grund deren eine Nachprüfung der Ziffern möglich ist, zu denen sie gelangen, stößt man immer wieder auf allgemein gehaltene Behauptungen über die Deutschland innewohnende latente Lebenskraft, denen aber jede tatsächliche Unterlage fehlt.

Was soll man z. B. zu Sätzen wie den folgenden sagen:

„Ohne unangebrachten Optimismus darf man also annehmen, daß Deutschland in seiner Produktion die

Mittel finden wird, neben der Befriedigung seiner eignen Bedürfnisse auch die Summen aufzubringen, die in diesem Plan für die Reparationsverpflichtungen ins Auge gefaßt sind. Der Wiederaufbau seiner Finanzen und seiner Währung, wie auch die Wiederherstellung gesunder wirtschaftlicher Verhältnisse in der Welt erscheinen uns als wesentliche aber ausreichende Bedingung, um dies Ergebnis zu erreichen. Wir glauben, daß nach einer kurzen Erholungsperiode Deutschlands finanzielle und wirtschaftliche Lage wieder normal sein wird.“

Die Entwicklung, welche seit Abfassung der Sachverständigen-Gutachten eingesetzt hat, ist nicht geeignet, die Zuversicht in die in ihnen kundgegebenen Prophezeiungen zu stärken. Jedenfalls nehmen sich dieselben innerhalb einer von politischen und wirtschaftlichen Gegensätzen starrenden Welt sehr eigenartig aus, zumal, wenn sie aus dem Munde von Vertretern der Entente kommen, welche, wie die weiteren Darlegungen zeigen werden, ängstlich bemüht gewesen sind, bei der Regelung der die Angelpunkte der deutschen Wirtschaft bildenden Bestimmungen über die Behandlung der Währungs- und der Tarifpolitik ihren Machtgebern die uneingeschränkte Herrschaft über den Schuldnerstaat zu sichern. Wenn wirklich das Ziel des Sachverständigenplanes, um die Worte der Inhaltsübersicht des ersten Berichts zu gebrauchen, gewesen war, die Frage, „was kann Deutschland zahlen“ aus dem Bereich der Theorie auf den Boden der Praxis zu versetzen, so hätte eine gründliche Untersuchung der Vorbedingungen des aufgestellten Zahlungsplanes unter Widerlegung aller auf eingehender Untersuchung beruhenden, vorstehend wiedergegebenen Bedenken gegen Festsetzungen nach Art des Londoner Ultimatums erfolgen müssen. Es ist daher wohl kein Zufall, wenn die Inhaltsübersicht des ersten Teils des Sachverständigenberichts, in der das Ziel gesteckt wird, das Problem der deutschen Zahlungsfähigkeit auf den Boden der Praxis zu setzen, ausdrücklich als eine nur zur Bequemlichkeit des

Lesers erfolgte Zusammenstellung bezeichnet wird, welche nicht den Charakter einer amtlichen Feststellung besitze.

Man könnte sich schließlich mit der uns leider ja gewohnten Tatsache abfinden, daß wieder einmal, wie schon so oft die Vertreter der Entente unerfüllbare Forderungen aufstellen, wenn nicht auch dieses Mal, trotz aller Hinweise über das Anbrechen eines neuen Zeitalters allseitiger Gerechtigkeit und allseitigen Glückes und Gedeihens, hinter der Nichterfüllung des Nichterfüllbaren die Drohung neuer Sanktionen aufgepflanzt würde. Die Sachverständigen machen es sich nach dieser Richtung hin sehr leicht. Wenn sie sich geirrt und Forderungen gestellt haben, die sich als nicht erfüllbar erweisen, so ergibt sich daraus niemals ihr, stets aber ein Verschulden Deutschlands, aus dem dann flugs die Berechtigung zur Anwendung neuer Strafmaßnahmen hergeleitet wird. Man wird daher Deutschland nicht verargen, wenn es angesichts derartiger Drohungen jeglichem ohne seine Mitwirkung entstandenen Vorschlag einer Neuregelung mit dem größten Mißtrauen gegenübertritt und den optimistischen Prophezeihungen der Sachverständigen, deren Erkenntnisquellen wir uns mühsam nachkonstruieren müssen, nüchternen Skeptizismus entgegenbringt.

Dauer der Jahresleistungen.

Gänzlich unklar ist, wie lange die Jahresleistungen laufen sollen. Die Sachverständigen erklären, daß es nicht zu ihrer Zuständigkeit gehöre, die Anzahl der Jahresleistungen festzusetzen, die Deutschland aufbringen soll, da solches die Festsetzung einer neuen deutschen Kapitalschuld bedeuten würde. Soweit es sich um die GM. 16 Milliarden Obligationen handelt, ist deren Laufzeit durch den 36jährigen Tilgungsplan begrenzt. Bezüglich der Leistungen aus dem Etat ist nichts gesagt. Setzt man hier auch 36 Jahresleistungen ein, so ergibt sich ein Gesamtwert von rund GM. 40 Milliarden gegenüber demjenigen des

Londoner Ultimatums von rund GM. 50 bis 65 Milliarden, je nachdem man die C-Obligationen einsetzt oder wegläßt. Man kann darüber streiten, ob es richtig wäre, sich jetzt auf Festsetzung einer bestimmten Summe zu versteifen. Fordert man sie, so kann dies nur unter der Bedingung geschehen, daß eine Neuregelung der interalliierten Schuldverhältnisse auch zu einer neuen Festsetzung der deutschen Verpflichtungen führt. Die Sachverständigen deuten diese Regelung zwar als entfernte Möglichkeit an, vermeiden es jedoch, zu ihr in bestimmter Weise Stellung zu nehmen. Deutscherseits muß aber darauf bestanden werden, daß eine Neuregelung der Alliierten auch eine Neuregelung der Reparationspflicht zur Folge hat.

Industrie - Obligationen.

Es muß noch ein Wort über die unter Bürgschaft der deutschen Regierung auszugebenden Industrie-Obligationen gesagt werden.

Die Gesamtverschuldung der deutschen Industrie betrug laut dem statistischen Jahrbuch für das Deutsche Reich am 31. Dezember 1912 GM. 4,6 Milliarden. Nach dem Plane der Gutachter soll diese infolge der Inflation verflogene Belastung durch eine solche ersetzt werden, die in den Dienst der Reparationsleistungen gestellt wird. Es wird verlangt, daß eine Obligationsschuld von GM. 5 Milliarden übernommen wird, die nach einem Schonjahr und einem Jahr mit auf 2½ pCt. festgesetzten Zins eine jährliche Annuität von 6 pCt. bringen soll. Die Annahme der Sachverständigen, daß dadurch die Industrie geringer belastet werde, als sie es vor dem Kriege war, ist irrig, denn zu den GM. 5 Milliarden Reparationshypothek einer territorial sehr verkleinerten Industrie gegenüber GM. 4,6 Milliarden der Vorkriegszeit treten noch 15 pCt. der alten Obligationsverpflichtungen und die Rentenbankhypotheken in Höhe von GM. 12 Milliarden. Außerdem war die Vorkriegsschuld mit durchschnittlich 4½ pCt. gegen jetzt 5 pCt. verzinslich, was zu einer Jahresauflage für das verkleinerte Gebiet von rund GM. 400 000 000 gegen früher GM. 200 000 000 führt.

Goldnotenbank, Transfer-Comité und Anleihe.

Der Verflechtung von Währungs- und Haushalts-Stabilisierung wird dadurch Rechnung getragen, daß als Grundlage einer stabilen Währung eine mit 50jährigem Privileg ausgestattete Goldnotenbank ins Leben gerufen werden soll, welche mit einem in Gold zu belegenden Kapital von GM. 400 000 000 ausgestattet wird und das alleinige Privileg der Ausgabe in Gold einlösbarer Noten erhält. Diese Noten sollen in der Regel zu einem Drittel gedeckt sein und zwar durch die Reserven der Bank, die, soweit sie in ständig verfügbaren Anlagen angelegt sind, bei geachteten Banken ausländischer Finanzmittelpunkte hinterlegt werden müssen. Metallbestand und Notendruckabteilung sollen in Deutschland bleiben, es sei denn, daß eine $^3/_4$ Mehrheit des Generalrates die Verbringung in ein neutrales Land beschließt. Bei Unterdeckung wird die Bank in bestimmter Weise steuerpflichtig. Die Bank ist das Diskontinstitut des Landes. Die von ihr diskontierten Wechsel dürfen keine längere Laufzeit als drei Monate haben und müssen nicht weniger als drei anerkannt gute Unterschriften tragen.

Die Leitung der Bank liegt in deutschen Händen; der Präsident und das unter seinem Vorsitz stehende Direktorium sind Deutsche; ihnen liegt die Führung der Währungs-, Diskont- und Kreditpolitik der Bank ob. Neben dieses deutsche Direktorium tritt der ebenfalls unter dem Vorsitz des Präsidenten stehende Generalrat, der aus sieben Deutschen und sieben Ausländern besteht. Aus der Zahl der letzteren wird mit neunstimmigem — darunter sechs Ausländerstimmen — Mehrheitsbeschluß der ausländische Kommissar gewählt. Der Generalrat entscheidet mit zehnstimmiger Majorität, mit einfacher Mehrheit, wenn der Präsident und der Kommissar sich unter der Mehrheit befinden.

Dem Kommissar liegt die Ueberwachung der Notenausgabe ob.

Die Notenbank hat das Privileg der ausschließlichen Geschäftsführung für das Reich und seine Finanzverwaltung, ebenso für die Eisenbahn und die Post, falls diese von der Möglichkeit Gebrauch machen wollen, von der Bank Vorschüsse zu erhalten.

Desgleichen ist die Notenbank der Bankier des die Reparationszahlungen verwaltenden Komitees und empfängt dementsprechend auf dem Konto des Agenten für die Reparationszahlungen die auf Reparationskonto eingehenden Beträge aus den Haushaltsüberschüssen, den Steuern und Zöllen, dem Zinsen- und Tilgungsdienst der Eisenbahn und der Industrie-Obligationen. Die Konvertierung dieses Depots in ausländische Valuta soll nach Ermessen eines besonderen Konvertierungs- und Ueberweisungs-Komitees erfolgen, das in Fühlung mit dem Präsidenten und dem Kommissar der Bank arbeitet und unter dem Vorsitz des der Reparationskommission als Verbindungsbeamter unterstellten Agenten für die Reparationszahlungen steht.

Dieses Komitee besteht aus fünf sachkundigen Personen, welche die Vereinigten Staaten, Frankreich, England, Italien und Belgien mit je einem Mitgliede vertreten. Das Komitee soll die Durchführung des Programmes für die Sachleistungen und die Zahlungen derart regeln, daß Erschütterungen der Wechselkurse vermieden werden. Soweit keine Ueberweisungen durch Sachlieferungen oder Devisenkäufe erfolgen können, sollen die sich ansammelnden Guthaben bis zur Höhe von GM. 2 Milliarden bei der Bank verbleiben und bis zur Höhe von GM. 5 Milliarden in Deutschland selbst in der Form von Obligationen oder Anleihen angelegt werden. Ein Ueberschreiten der 5-GM.-Milliarden-Grenze hat eine Herabminderung der deutschen Leistungen zur Folge. Die Bank und die deutsche Regierung sollen die erforderlichen Ueberweisungen tunlichst erleichtern.

Es bedarf keiner besonderen Phantasie, um sich vorzustellen, daß der Agent für die Reparationszahlungen und das ihm unterstellte ausländische Ueberweisungs-Komitee dauernd die stärkste Finanzmacht in Deutschland bilden werden. Steht ihnen doch die Verfügung über die gewaltigen auf dem Reparationskonto zusammenfließenden Beträge zu. Niemand wird bestreiten können, daß eine große Gefahr für unsere gesamten wirtschaftlichen und politischen Zustände darin liegt, daß eine ausländische, Deutschland gegenüber unverantwortliche, lediglich auf Wahrnehmung der Interessen unserer Gegner bedachte Stelle innerhalb Deutschlands zum Verwalter der größten Kapitalansammlung bestellt wird, die je einem unterworfenen Volke als Tribut auferlegt wurde. Es bestehen keinerlei Garantien irgendwelcher Art dafür, daß diese gewaltigen in einer Hand befindlichen Beträge nicht zur völligen Ueberfremdung unserer Wirtschaft oder für spekulative Ausnutzung derselben, oder zur Schaffung von Konjunktur-Auf- und Niedergängen zum Nutzen unseres Volkes benutzt werden. Die Sachverständigen waren zwar besorgt, den Schutz des Komitees gegen angeblich mögliche, die Ueberweisung hindernde Maßnahmen der deutschen Regierung und deutschen Finanzgruppen vorzusehen. Sie scheuen sich sogar nicht, solche nach ihrer Ansicht möglichen Maßnahmen als etwaige „Finanzmanöver“ hinzustellen und durch diesen beleidigenden Ausdruck zu erkennen zu geben, welcher Machenschaften sie die deutsche Partei für fähig halten. Gegen diese Unterschiebung eventueller böser Absichten muß um so schärfer Widerspruch erhoben werden, als die Sachverständigen es nicht für nötig gehalten haben, irgendwelche Garantien gegen Mißbrauch der dem Ueberweisungskomitee eingeräumten Machtbefugnisse festzusetzen. Die deutsche Regierung umgekehrt auch gegen Finanzmanöver des Agenten zu schützen, haben sie dagegen versäumt. Das

Ueberweisungskomitee erhält des weiteren aber auch maßgebenden Einfluß auf die Notenbank. Zwar ist bestimmt, daß deren aus nur deutschen Mitgliedern bestehendes Direktorium die Währungs-, Kredit- und Diskontpolitik der Bank leiten solle. Etwas verschämt und offenbar gewollt unklar ist aber das Verhältnis des Ueberweisungskomitees zu dem Direktorium dahin umschrieben, daß es den Präsidenten der Notenbank informieren solle, wenn es der Meinung ist, daß der Diskontsatz der Bank nicht im Verhältnis zu der Notwendigkeit steht, wichtige Ueberweisungen vorzunehmen. Eine Diskontpolitik, welche die deutsche Währungs- und Kreditpolitik schützen will, läuft also Gefahr, in Konflikt mit den Tendenzen des Ueberweisungskomitees zu geraten, sobald die deutschen Interessen sich mit denen des Ueberweisungskomitees nicht decken.

Eine derartige Gefahr steht aber eigentlich dauernd vor der Tür. Eine auf Schutz der Währung gerichtete Diskontpolitik der Notenbank kann nur geführt werden in voller Unabhängigkeit von solchen Interessen, welche auf gegenwertslose Transferierung möglichst großer Markguthaben in das Ausland gerichtet sind; denn die Handhabung des Diskonts durch die Notenbank als Wächter der Währung soll dazu dienen, durch Verbilligung oder Verteuerung des Geldes Ueberspannungen der Konjunktur entgegen zu arbeiten und möglichste Stabilität der Währung zu gewährleisten. Diese Aufgabe zu erfüllen, ist für die Notenbank eines Landes, das, wie gezeigt, weder Auslandsguthaben, noch Exportüberschuß besitzt, an sich schon außerordentlich schwer; ihre Erfüllung wird aber zur Unmöglichkeit, wenn die Diskontpolitik jederzeit durch willkürliche Maßnahmen einer Stelle durchkreuzt werden kann, deren wesentliches Interesse darauf gerichtet sein muß, möglichst große Markbeträge in ausländische Währung umzuwandeln. Es kann nicht ausbleiben, daß Konflikte zwischen Ueberweisungskomitee und Notenbank-Präsident entstehen. In solchen wird ersteres stets die stärkere Partei sein, weil sie in der Lage ist, ohne sich um die gegenteilige Ansicht des Notenbank-Präsidenten zu kümmern, die Markguthaben der Reparationskommission dem Markte zur Verfügung zu stellen oder einzuziehen und dadurch die Diskontpolitik der Notenbank nach Gefallen zu durchkreuzen.

Wenn an irgendeiner Stelle des Planes der Sachverständigen, so zeigt sich an dieser der Widerstreit der Erkenntnis, daß Zahlung von Staat zu Staat nur auf Grund von Exportüberschüssen möglich ist und des Verlangens, unter Nichtachtung dieses wirtschaftlichen Naturgesetzes möglichst große Zahlungen ohne Gegenleistungen und ohne Rücksicht darauf zu erhalten, ob Valutaguthaben bestehen, aus denen solche Zahlungen in Valuta geleistet werden können. Man hat wieder einmal nicht gewagt, die Konsequenzen der wirtschaftlichen Gesetze zu ziehen, und hat einen Kompromiß zwischen ihnen und willkürlich eingreifender Gewalt schließen wollen, indem man sich selbst darüber hinwegzutäuschen suchte, daß ein solches Kompromiß zunächst mit dem Siege der Gewalt endet, um alsdann durch die Folgen der Gewaltanwendung ad absurdum geführt zu werden. Denn wenn die durch Eingriffe des Ueberweisungs-Komitees unfehlbar hervorgerufene Störung der deutschen Währung eintritt, wird sofort der ganze Reparationsplan der Sachverständigen in Frage gestellt, da er nur durchführbar ist — im Rahmen des Möglichen —, solange das Gleichgewicht des Budgets nicht durch Schwankungen des Wertes der Mark erheblich gestört wird.

Daß der ganze Transferierungsplan auch dadurch stark beeinträchtigt werden wird, daß die Zinsen der von Deutschland auszugebenden Zwangsanleihen an das Ausland gezahlt werden müssen, sei nur in Paranthese erwähnt.

Als Stütze für die Notenbank soll eine äußere Anleihe im Betrage von GM. 800 000 000 dienen, die aber einen nicht ganz klaren Doppelcharakter erhält. Einmal soll ihr Gegenwert als Beitrag zu den Goldreserven der Notenbank bei dieser hinterlegt werden, sodann soll er dazu dienen, während der Jahre 1925/26 die trotz des sonstigen Moratoriums fortzusetzenden Sachlieferungen zu bezahlen. Die Annuität dieser Anleihe und ebenso jeder späteren Anleihe soll von den aufzubringenden Beträgen abgezogen werden.

Die Annahme der Sachverständigen, daß diese Anleihe gleichzeitig währungstechnisch zugunsten einer Stützung der neuen Währung wirken werde, ist irrig. Dieser Erfolg könnte nur eintreten, wenn der Erlös der Anleihe als Mittel zur Herbeiführung eines Exportüberschusses diente, um durch Schaffung von Auslandsguthaben die Annuität der Anleihe aufzubringen. Gerade dieser Erfolg kann aber nicht eintreten, weil der Erlös der Anleihe als Basis für die inflatorische Schaffung von Noten zur Bezahlung von Leistungen dienen soll, die das Ausland empfängt, aber nicht bezahlt. Es ist daher falsch, wenn die Sachverständigen von dieser Anleihe eine Stabilisierung der Währung erwarten. Diese Wirkung wird nicht währungstechnisch, sondern nur insofern eintreten, als der psychologische Effekt der Gewährung eines großen Auslandskredites für die Rückkehr des Vertrauens in eine größere Stabilität aller Verhältnisse von Bedeutung sein wird.

Darüber hinaus der Entwicklung der neuen Währung ein Prognostikon stellen zu wollen, ist angesichts der gleichzeitig mit ihrer Schaffung eintretenden völligen Umwälzung aller Verhältnisse unmöglich.

Im Zusammenhang hiermit sei noch darauf hingewiesen, daß die Sachverständigen für den Fall, daß die Balanzierung des Haushaltes für das Etatsjahr 1924/25 nicht gelingen sollte, auch die Aufnahme einer inneren Anleihe empfehlen. Dieser Rat zeigt völlige Verkennung unserer finanziellen Lage. Die Kapitalknappheit ist so über alle Maßen groß, daß es ein Unding ist, auf absehbare Zeit an den deutschen Kapitalmarkt zu appellieren. Die gegenteilige Auffassung der Sachverständigen ist ein erneuter Beweis dafür, wie verfehltem Optimismus sie sich über die tatsächlichen Verhältnisse hingeben.

Umwandlung der Reichsbahn.

Die Ausführungen der Sachverständigen über die Nutzbarmachung der Reichsbahn für Reparationszwecke gehen von Erwägungen aus, welche, rein kaufmännisch betrachtet, verständlich sind, die aber infolge der politischen und wirtschaftspolitischen Momente, welche bei der Behandlung des Verkehrsmonopols des Landes hineinspielen, einer sehr sorgfältigen Kritik unterworfen werden müssen. Es zeigt sich, daß die Sachverständigen teils von sehr anfechtbaren Voraussetzungen bei der Ermittlung ihrer Zahlenwerte ausgegangen sind, teils zu Widersprüchen in ihren Folgerungen kommen. Der bedeutsamste Punkt ihres Vorschlages ist der, daß die Annahme desselben nicht nur die Verwaltung dieses, das Rückgrat unserer gesamten Wirtschaft bildenden Instruments ausländischen Händen vollkommen ausliefern, sondern auch die gesamte Verkehrspolitik in den Dienst der Entente stellen würde. Während in dem Bericht der ersten Sachverständigenkommission gesagt wird: „Es liegt nicht in unserer Absicht, Deutschland der Verwaltung seiner Eisenbahnen zugunsten der Alliierten zu berauben“, spricht die Anlage 4 dieses Berichtes, in welchem die Konzession zum Betriebe der deutschen Eisenbahngesellschaft erörtert wird, eine ganz andere Sprache. Es heißt dort: „Die deutsche Regierung wird insoweit eine Aufsicht über die Tarife und den Dienst der Eisenbahner haben, als es nötig sein mag, um jede unterschiedliche Behandlung zu verhindern und das Publikum zu schützen, aber diese Aufsicht soll nie so ausgeübt werden, daß sie die Fähigkeit der Eisenbahngesellschaft beeinträchtigt, aus ihrem Kapitalwert einen billigen und angemessenen Gewinn zu erzielen, der eine ausreichende Vorsorge für ihre Obligationen und Vorzugsaktien, einen Gewinn auf ihre gewöhnlichen Aktien und angemessene Rücklagen zu allen Zwecken, einschließlich der Kapitaltilgung, einschließt."

Wie die Entwicklung der Tarife gedacht ist, erhellt des weiteren aus der Darlegung der Rechte und Pflichten des die Rechte der Alliierten wahrnehmenden Eisenbahnkommissars, wo es heißt: „Es ist klar, daß die alliierten Nationen ein Anspruchsrecht darauf haben, daß die Reineinnahmen der deutschen Eisenbahnen nicht ermäßigt werden dürfen, um der deutschen Industrie einen unangemessenen Vorteil auf überseeischen Märkten zu verschaffen." Diese Ausführungen lassen deutlich erkennen, welches Ziel verfolgt wird. Man will sich über die Bestimmungen des Versailler Vertrages hinaus eine Einwirkung auf die Eisenbahntarifhoheit verschaffen, welche je nach Gefallen dem Zwecke dienen soll, um die deutsche Industrie gegenüber derjenigen der Ententeländer zu benachteiligen. Die das Eisenbahnwesen behandelnden Artikel des Versailler Vertrages 365ff. sprechen nur von den Durchgangstarifen, lassen aber Deutschland in der Ausgestaltung der Tarife innerhalb dieser Grenzen vollkommen freie Hand. Wenn nunmehr von vornherein erklärt wird, daß beabsichtigt sei, mit der Begünstigung der Industrie durch die Eisenbahntarife aufzuräumen und das Recht der deutschen Regierung darauf zu beschränken, daß sie eine unterschiedliche Behandlung zugunsten einzelner verhindern könne, so wird die Axt an eine der Grundlagen unserer Volkswirtschaft gelegt, und wir werden rettungslos der Willkür der Gegner ausgeliefert.

Wie sehr zu beklagen ist, daß die deutsche Eisenbahnverwaltung nicht mit viel größerer Energie alsbald nach Abschluß des Friedensvertrages an die Reorganisation ihres Betriebes herangegangen ist und denselben aus der kameralistischen Buchführung in die Form einer im Wege der doppelten Buchführung kaufmännisch Rechenschaft legenden Betriebsverwaltung zu überführen, braucht an dieser Stelle nicht gesagt zu werden. Ich selbst habe auf dem Bankiertage im Jahre 1920 vernehmlich genug die Stimme erhoben, um die unabwendbare Notwendigkeit dieses Schrittes darzulegen, und es kann nicht genug bedauert werden, daß die Reichsregierung erst im Herbst 1923 durch die Verselbständigung des Reichsbahnhaushaltes und durch die Reichsbahnnotverordnung vom 12. Februar 1924 dazu geschritten ist, rein kaufmännische Erwerbsgrundsätze in ihrer Verwaltung zur Geltung zu bringen. Es bildet aber ein vollkommenes Novum, wenn diese selbständige Verwaltung nunmehr der Tarifhoheit wirtschaftlicher Gegner unterworfen werden soll, und es kann nicht nachdrücklich genug gegen diese Vergewaltigung Protest erhoben werden. Deutschland soll zahlen und es ist verständlich, wenn die Gläubiger verlangen, daß gewisse Produktionsmittel dieser Zahlungsverpflichtung besonders verhaftet werden. Es ist aber ein Unding, wenn gleichzeitig Zahlungen aus der gesamten Volkswirtschaft in einer überdies gar nicht erreichbaren Höhe gefordert werden und verlangt wird, daß die Verkehrseinrichtungen, welche das Hauptinstrument für die wirtschaftlich pflegliche Behandlung des Güteraustausches bilden, der Machtbefugnis des Schuldners, der seine gesamte Wirtschaft in den Dienst der Gläubiger stellen soll, entzogen werden, um die eigene Wirtschaft der Gläubiger dadurch zu heben. Auf diesem Wege machen sich die Gläubiger doppelt bezahlt; denn sie wollen sich außer den Zahlungen, zu denen sie Deutschland für verpflichtet ansehen, bei dieser Gelegenheit Vorteile für ihren Absatz auf dem Weltmarkt verschaffen, die ihnen auf Kosten Deutschlands zugeführt werden sollen. Eine derartige, durch nichts begründete Forderung widerspricht den Grundsätzen der Gerechtigkeit, Billigkeit und des wechselseitigen Interesses, auf denen die Kommissionen nach ihrer Angabe ihren Plan aufgebaut haben.

Dies vorausgeschickt, soll in folgendem zu einzelnen Punkten der Eisenbahnfrage Stellung genommen werden.

Die Sachverständigen gehen davon aus, daß der Kapitalwert der Eisenbahn GM. 26 Milliarden betrage, indem sie in sehr allgemeiner Weise die Behauptung aufstellen, daß pro Kilometer an Kapitalaufwendungen und Kapitalwert GM. 500 000 in Ansatz gebracht werden können. Ein Beweis für diese Behauptung ist nicht erbracht. Angesichts der Bedeutung, die für alle künftigen Maßnahmen, die die Eisenbahn betreffen, die Verzinsung des Kapitalwertes darstellt, muß aber gefordert werden, daß eine sorgfältige Untersuchung des wirklichen Kilometerwertes Platz greift und dieser fundamentalen Frage nicht nur eine beweislose Behauptung zugrunde gelegt werde. Nach der amtlichen Statistik für das Jahr 1919 betrugen die aufgewendeten Kapitalkosten für einen Kilometer in bereits entwertetem Gelde nur PM. 361 000. Es geht nicht an, diesen Daten gegenüber diktatorisch zu behaupten, daß der Kilometerwert jetzt GM. 500 000 betrage. Die Forderung einer Revision dieser Ziffer ist um so berechtigter, als die Sachverständigen ebenso wie allenthalben, auch bei Beurteilung der Verhältnisse der Eisenbahn, die gewaltigen Leistungen außer acht lassen, welche für Waffenstillstand und Friedensvertrag auf Kosten des Betriebes bereits aufgewendet worden sind. Diese Leistungen betrugen nämlich GM. 5 385 000 000. Sie sind auch die Erklärung dafür, daß die Eisenbahnverwaltung gezwungen war, nach dem Friedensschluß zu den großen Anschaffungen und Bauten zu schreiten, welche das Befremden der Sachverständigen in so hohem Maße erregen. Es galt nicht nur, das gesamte durch den Krieg vollkommen heruntergewirtschaftete, durch Einbau unzureichenden Materials teilweise überhaupt nicht mehr ordnungsmäßige Betriebsmaterial wieder in brauchbaren Zustand zu versetzen, sondern es mußten auch durch die infolge des Friedensvertrages erfolgte Zerreißung des deutschen Gebietes kostspielige Streckenbauten und Neuanlagen hergestellt werden, welche beim Fortbestand der früheren Verhältnisse nicht erforderlich gewesen wären.

Ebenso wie die Festsetzung des Kapitalwertes der Eisenbahn entbehrt auch die Festsetzung des zu erreichenden Betriebskoeffizienten der Begründung. Die Sachverständigen stellen sich auf den Standpunkt, daß der Betriebskoeffizient, der vor dem Kriege zirka 70 % betrug, nach dem Kriege bis zum Ruhreinbruch auf rund 97 % gestiegen und durch den Ruhreinbruch auf 474 % hinaufgetrieben worden war, auf 80 % heruntergedrückt werden müsse. Die Durchführung dieser Forderung würde bedeuten, daß Deutschland trotz seines nach allen Richtungen verstümmelten und geknebelten Zustandes einen Betriebskoeffizienten erreichen soll, der demjenigen freier Staaten entspricht. Ein Blick auf die nachfolgende Tabelle zeigt, daß selbst die reichsten Staaten der Welt, darunter auch solche, die direkt durch den Krieg überhaupt nicht berührt worden sind, eine Steigerung ihres Betriebskoeffizienten erfahren haben, welche mit der vor dem Ruhreinbruch eingetretenen Steigerung bei uns auf 97 % durchaus übereinstimmt.

Land	1913			1921/22		
	Gesamt- Einnahmen	Gesamt- Ausgaben	Betriebskoeffizient	Gesamt- Einnahmen	Gesamt- Ausgaben	Betriebskoeffizient
	Mill.	Mill.	pCt.	Mill.	Mill.	pCt.
Ver. Staaten USA	$ 3125	2170	69,4	$ 5625	4658	80,3
England	£ 136	87	63,8	£ 308	256	83,1
Kanada	$ 257	182	70,8	$ 458	423	92,4
Schweiz	sfr 258	173	65,9	sfr 428	404	94,4
Japan	Y 120	98	80,9	Y 339	271	79,9

Was die Behandlung der Tariffrage in Deutschland betrifft, gegen die sich die Sachverständigen mit so viel Eifer wenden, indem sie fordern, daß die Tarife auf der ganzen Linie erhöht werden, so sei darauf hingewiesen, daß die Einnahmen aus den deutschen Gütertarifen gegenwärtig pro Tonnenkilometer 165 pCt. gegenüber den gleichen Einnahmen im Frieden betragen.

Diese Steigerung geht über die Steigerung der Großhandelspreise in England und den Vereinigten Staaten für den gleichen Zeitraum hinaus, und es läßt sich also bereits an diesem Beispiel erkennen, auf eine wie abschüssige Bahn man gerät, sobald man das Wort des Sachverständigenberichtes wahrmachen und die Tarife durch die Interessen der ausländischen Exportindustrie beeinflussen lassen will.

Daß es sich bei jenem oben zitierten Hinweis auf die Notwendigkeit einer die Interessen der alliierten Staaten berücksichtigenden Tarifpolitik, nicht etwa um eine für die Neuorganisation der Reichsbahn gar nicht ins Gewicht fallende Bemerkung handelt, erhellt mit erschreckender Klarheit, wenn man die Bestimmungen betrachtet, welche die Verwaltungsorgane der Eisenbahn regeln.

Das Kapital der GM. 26 Milliarden soll mit GM. 13 Milliarden Stammaktien, mit GM. 2 Milliarden Vorzugsaktien und GM. 11 Milliarden Schuldverschreibungen belegt werden, welche letzteren durch erststellige Hypotheken auf die Gesamtanlagen und durch die Bürgschaft des Reiches gesichert sind. Die Stammaktien werden zu pari der deutschen Regierung überlassen mit dem Anheimgeben, sie zu behalten oder sie nach ihrem Belieben zu verkaufen. Die GM. 2 Milliarden Vorzugsaktien werden dem internationalen Kapitalmarkt angeboten. Ihr Erlös soll zu $\frac{1}{4}$ der deutschen Regierung, zu $\frac{3}{4}$ der Eisenbahngesellschaft zufallen.

Der Vorstand der Aktiengesellschaft soll aus Deutschen bestehen, der Generalgeschäftsführer muß ein Deutscher sein. Der aus 18 Mitgliedern bestehende Aufsichtsrat soll zur Hälfte von der deutschen Regierung, zur Hälfte von dem Treuhänder der Obligationäre, dem sogenannten Eisenbahnkommissar ernannt werden. Von den durch ihn ernannten 9 Mitgliedern können 5 Deutsche sein. Dieses „können" ist sehr problematisch, weil nach Verkauf der Vorzugsaktien von den 9 durch den Eisenbahnkommissar ernannten Mitgliedern 4 durch die Vorzugsaktieninhaber gewählt werden sollen. Da mit Sicherheit anzunehmen ist, daß angesichts der deutschen Kapitalnot die Vorzugsaktien zunächst ins Ausland gehen werden, bleiben von den anfänglich 9 deutschen Mitgliedern des Verwaltungsrats nur noch 5 übrig, während der Eisenbahnkommissar, insbesondere, wenn er die ihm ausdrücklich vorbehaltene Behandlung der Tarife im Interesse der Ententeländer zum Gegenstand seiner Obliegenheiten macht, gar nicht daran denken wird, von der Befugnis, 5 deutsche Mitglieder zu ernennen, Gebrauch zu machen, so daß also die 5 verbleibenden Mitglieder, welche von der deutschen Regierung ernannt sind, 13 fremdländischen Mitgliedern gegenübertreten würden. Die Durchführung dieser Bestimmungen liefert also trotz der Behauptung, daß die Sachverständigen nicht die Absicht hätten, Deutschland der Verwaltung seiner Eisenbahnen zugunsten der Alliierten zu berauben, den Alliierten die Möglichkeit, fußend auf den Bestimmungen der Anlage des Sachverständigenberichtes, das Gegenteil von dem zu tun, was die Sachverständigen als ihre Absicht deklarieren.

Die durch diese Konstruktion heraufbeschworenen Gefahren gehen aber noch weiter. Der Eisenbahnkommissar hat das Recht, im Einvernehmen mit dem Treuhänder alle ihm gut scheinenden Sicherheitsmaßnahmen zu ergreifen, einschließlich des Rechtes, die Eisenbahn oder das Eigentum, auf dem die Hypothek oder die Belastung der Obligationen ruht, ganz oder teilweise in Betrieb zu nehmen, zu verpachten oder zu verkaufen, sobald in irgendeinem Jahr die Eisenbahn keine genügenden Einnahmen erzielen sollte, um die für den Zinsendienst der Obligationen erforderlichen Zahlungen zu leisten, gleichviel ob das Zurückbleiben der Leistungen hinter dem Leistungssoll ohne oder mit Verschulden der deutschen Verwaltung eingetreten ist. Diese Bestimmung ist um so ungeheuerlicher, als die deutsche Regierung die Zahlung und den Zinsendienst der Obligationen zu gewährleisten hat und die Obligationen dementsprechend nicht nur von der Eisenbahngesellschaft sondern auch vom Finanzminister im Namen der deutschen Regierung unterzeichnet werden sollen.

Es ist eine durch nichts gerechtfertigte Forderung, daß die Eintreibungsmaßnahmen in Lauf gesetzt werden können, wenn das Pfandobjekt nicht die erforderlichen Einnahmen liefert, gleichviel ob der Bürge, zwecks Erhaltung seines Eigentums, an der Pfandsubstanz auf andere Weise die Mittel für den Schuldendienst bereitstellt. Zusammengenommen mit der oben dargelegten deutlich erkennbaren Absicht, die deutsche Eisenbahn zugunsten der Exportindustrie der Alliierten auszuschlachten, zeigt diese Bestimmung, die ihr Korrelat in den bereits besprochenen Uebertreibungen der Forderungen findet, welche an den Haushalt und die Steuerkraft des deutschen Volkes gestellt werden, wohin die Reise geht, und daß man nach so oft beliebter Methode sich wiederum Sanktionsmöglichkeiten sichert, die je nach Belieben in Lauf gesetzt werden können, ohne daß der zur Ohnmacht verurteilte Schuldner irgend etwas dagegen zu tun vermag. Der Eisenbahnkommissar braucht nur eine Tarif- und Verwaltungspolitik zu befolgen, welche den Zinsendienst gefährdet, um sich Rechte zuzuschanzen, die weit über diejenigen eines Pfandgläubigers hinausgehen. Da die Sachverständigen sich nicht die Mühe nehmen, diese mit ihren eigenen Worten nicht in Einklang zu bringenden Vorschriften irgendwie zu erläutern oder zu begründen, wird mancher geneigt sein, in ihnen absichtlich gelegte Fallstricke zu sehen.

Kontrollorgane. Bei Durchführung der Vorschläge der Sachverständigen werden uns folgende ausländische Kontrollorgane beschert:

I. der zur Hälfte ausländische Generalrat und der ausländische Kommissar der Notenbank,
II. der in seiner Majorität ausländische Aufsichtsrat der Reichsbahn-Aktiengesellschaft, der aus-

ländische Eisenbahnkommissar und der ausländische Obligationstreuhänder,

III. der ausländische Agent für Reparationszahlungen und das ausländische Konvertierungs- und Ueberweisungskomitee,

IV. der ausländische Oberkommissar und fünf ausländische Unterkommissare der Staatseinnahmen,

V. der ausländische Treuhänder der Industrie-Obligationen.

Unmöglichkeit grundsätzlicher Ablehnung.

Für ein stolzes und tapferes Volk ist es ein harter Entschluß, als Folge der Niederlage gegenüber vielfacher Uebermacht, für mehr als ein Menschenalter solche Sklavenketten tragen zu sollen.

Trotzdem muß nüchterne und klare Abwägung aller in Betracht kommenden Umstände dazu führen, diesen Entschluß zu befürworten. Die harte Notwendigkeit zwingt dazu. Wir stehen einer geschlossenen Phalanx der Gläubigerstaaten gegenüber, die auf ihre durch keine noch so flammenden Reden zu beseitigende militärische Uebermacht pocht und Begleichung ihrer Forderungen verlangt. In der Lage, in der sich Deutschland befindet, bleibt uns nichts übrig, als nochmals den Versuch zu machen, uns mit unseren Gegnern zu verständigen. Rhein und Ruhr müssen befreit werden, wenn wir die Zukunft des Reiches sicherstellen wollen. Ferner muß an Stelle der als Provisorium gedachten, lediglich zur Bewegung der Ernte bestimmten Rentenmark, deren stärkste psychologische Stütze die Hoffnung auf eine endgültige Stabilisierung ist, eine neue Währung mit international gültiger Goldbasis treten. Eine solche Währung kann ohne Hilfe des Auslandes nicht geschaffen werden, weil unsere Goldreserven erschöpft sind und wir nicht bis zur Schaffung neuer Goldreserven warten können, die sich nur auf dem Ueberschuß der Ausfuhr über die Einfuhr bilden könnten. Wir sind daher darauf angewiesen, die Unterlage unserer künftigen Währung vom Auslande zu erhalten. Da diese Hilfe des Auslandes einen wesentlichen Bestandteil des Sachverständigenplanes bildet, der ein unteilbares Ganzes darstellt, müssen wir, allein schon der Stabilisierung der Währung zuliebe, die Gutachten der Sachverständigen als Ausgangspunkt einer Regelung hinnehmen; hinzu kommt die unbedingte Notwendigkeit, der deutschen Industrie auf dem in dem Gutachten gezeigten Wege die Sorge um die Finanzierung der Micum-Lieferungen abzunehmen. Wir müssen sogar darauf drängen, daß eine rasche Durchführung des Planes erfolgt, weil die Entwicklung, welche seit Erstattung der Sachverständigen-Gutachten eingetreten ist, sich auf stark abschüssiger Bahn bewegt, der ohne Verzug Halt geboten werden muß, wenn nicht nie wiedergutzumachender Schaden eintreten soll. Dieser bitteren Erkenntnis kann sich niemand entziehen, der sich seiner Verantwortung bewußt ist und zu ermessen vermag, welches Unheil die Wiederholung der Inflationsperiode für unser Volk nach sich ziehen würde.

Und so kommen wir dazu, schweren Herzens, in vollem Bewußtsein all der Gefahren, welche uns drohen und in klarer Erkenntnis der mannigfachen Fallstricke, welche die von den Sachverständigen vorgeschlagene Regelung in sich schließt, zu empfehlen, sie als Grundlage einer Lösung der Reparationsfrage anzunehmen, deren Einzelheiten weitgehend zu verbessern unser ernstes Bemühen sein muß. Möge es unserer Regierung gelingen, die Aufgabe zu lösen, mit Zähigkeit, Energie und Gründlichkeit aller unmöglichen, unklaren und der Willkür Tür und Tor öffnenden Bestimmungen des Sachverständigenplanes Herr zu werden und mit Festigkeit gegen Unmögliches anzukämpfen. Mögen aber auch die Vertreter der Entente den Inhalt des Briefes zur Tat machen, mit welchem der Präsident der Sachverständigen-Ausschüsse deren Gutachten an die Reparations-Kommission weitergereicht hat. Mögen sie sich dessen Programm zu eigen machen und die von den Sachverständigen dem Weltgewissen gegenüber übernommene Verantwortung dadurch tragbar gestalten, daß sie die Grundsätze der Gerechtigkeit, der Billigkeit und des wechselseitigen Interesses, welche nach den Worten des Präsidenten der Sachverständigen die Träger ihres Planes sind, in die Tat umsetzen und Treu und Glauben als Richtschnur aller Bestimmungen gelten lassen, welche seiner Ausführung dienen. Nach den Darlegungen des vorstehenden Referates bleibt für die Vertreter der Entente ein weites Feld, zu beweisen, daß die bestechenden Prinzipien, von denen sich die Sachverständigen bei ihrer Arbeit haben leiten lassen, nicht nur leere Worte sein sollten, bestimmt den Blick zu blenden und von anders gearteten Absichten abzulenken. Erst die Zukunft kann zeigen, welche Tendenz den Gutachten innewohnt und ob sie wirklich von dem Geiste allseitig abwägender Gerechtigkeit und edelster Lauterkeit der Absichten beseelt sind, der allein ihren Verfassern das Recht geben kann, in einem Augenblick krisenhafter Verwirrung aller menschlichen Verhältnisse ein Evangelium für die Lösung der internationalen wirtschaftlichen Schwierigkeiten zu verkünden.

Anlage.

(Entschließung des Centralverbands des Deutschen Bank- und Bankiergewerbes vom 13. Mai 1924.)

Bei den über die Gutachten der internationalen Sachverständigen innerhalb des Centralverbands des Deutschen Bank- und Bankiergewerbes unter dem Vorsitz des Geh. Justizrats Prof. Dr. Riesser stattgehabten Beratungen ist nach Entgegennahme des Referats von Dr. Georg Solmssen, Geschäftsinhaber der Disconto-Gesellschaft, Berlin, sowie nach einer eingehenden Erörterung des gesamten Materials, bei der sich eine Fülle von Fragen als diskussionsbedürftig ergab, eine grundsätzliche Einigkeit über die folgenden wesentlichen Punkte festgestellt worden:

I. Das Gutachten der internationalen Sachverständigen zeichnet sich vor allen früheren Versuchen der Lösung des Reparationsproblems nicht nur durch eine in die Tiefe gehende Durchdringung der mit diesem Problem verknüpften finanziellen, wirtschaftlichen und währungspolitischen Fragen aus, sondern — was trotz aller vom deutschen Standpunkte aus zu erhebenden Einwendungen anerkannt werden muß — vor allem durch den Geist, in welchem die Mitglieder der Gutachterkommissionen an ihre Aufgabe herangetreten sind. Die deutscherseits zu erhebenden Bedenken würden geringer sein, wenn den Sachverständigenkommissionen in ihrer bisherigen Zusammensetzung auch eine entscheidende Mitwirkung bei der Durchführung ihrer Vorschläge übertragen würde, insbesondere für den Fall, daß wesentliche tatsächliche Voraussetzungen und Erwartungen, welche im einzelnen für die Vorschläge der Sachverständigen maßgebend gewesen sind, sich nicht bewahrheiten oder nicht erfüllen sollten.

II. Von den Sachverständigen ist anerkannt worden, daß Deutschland nur dann in der Lage ist, die Reparationsverpflichtungen zu erfüllen, wenn

1. die fiskalische und wirtschaftliche Einheit und Souveränität des Deutschen Reiches wiederhergestellt und
2. eine dauernde Stabilisierung der deutschen Währung herbeigeführt wird.

Es kommt indessen nicht nur darauf an, diese grundlegenden Voraussetzungen der Durchführung des Sachverständigenplans überhaupt zu schaffen, sondern sie mit äußerster Beschleunigung zu verwirklichen, da eine Hinauszögerung das Bild des wirtschaftlichen Deutschlands, welches den Sachverständigen bei ihrem Gutachten vorgeschwebt hat, wesentlich verändern und die Erfüllung der günstigen Entwickelungsmöglichkeiten, mit denen das Gutachten rechnet, von vornherein vereiteln würde.

III. Bei ihren Vorschlägen für die deutscherseits zu bewirkenden Leistungen erkennen die Sachverständigen an, daß Deutschland in seinem heutigen Zustand nicht in der Lage ist, seine eigenen Bedürfnisse zu befriedigen und gleichzeitig die Zahlung seiner Auslandsschulden sicherzustellen; sie begründen indessen die von ihnen angenommene Tragbarkeit der dem deutschen Volk und seiner Wirtschaft in ihren Vorschlägen auferlegten Last mit allgemeinen Darlegungen über die potentielle Leistungsfähigkeit Deutschlands, die mit Zahlen weder bewiesen noch widerlegt werden können. Wie sehr aber auch die Meinungen hierüber auseinandergehen mögen — diejenigen, welche auf das vorliegende Gutachten Ansprüche gegen Deutschland zu stützen willens sind, sind durch die Gebote der Logik nicht minder als durch die von Treu und Glauben gebunden, einem wirtschaftlichen Aufstieg Deutschlands, wie ihn die Gutachter von der Zukunft erwarten, keine Hindernisse in den Weg zu legen.

Unter diesem Gesichtspunkte muß, soweit die Ausführung der Vorschläge der Gutachter in Betracht kommt, auf folgende Notwendigkeiten hingewiesen werden:

1. Das deutsche Bankgewerbe hält in Uebereinstimmung mit der Ansicht der ausländischen Sachverständigen ohne gleichzeitige dauernde Stabilisierung der deutschen Währung eine Regelung der Reparationsfragen für unmöglich und sieht in der zu diesem Zwecke vorgeschlagenen Goldnotenbank ein geeignetes Mittel, um die dauernde Stabilisierung der Währung insbesondere in Verbindung mit einer Deutschland zu gewährenden Anleihe von 800 Millionen Goldmark anzubahnen. Hierbei muß jedoch vorausgesetzt werden, daß die deutsche Verwaltung der Goldnotenbank volle Freiheit in der Durchführung der Diskontpolitik erhält und nicht durch Maßnahmen des Ueberweisungskomitees, welche der Ueberführung der Guthaben an die alliierten Staaten dienen, in der Durchführung dieser Diskontpolitik behindert wird.

   So richtig es ist, daß Reparationsleistungen nur aus dem Ueberschuß der Ausfuhr über die Einfuhr geleistet werden können, so enthält doch auf der anderen Seite auch die Ansammlung der ohne Beeinflussung der Währung nicht überführbaren überschüssigen Guthaben der Reparationskommission in den vorgesehenen großen Beträgen eine schwere Gefährdung der deutschen Wirtschaft. Es muß Sicherheit geschaffen werden, daß diese Beträge nur im Einklang mit der Diskontpolitik der Goldnotenbank und nur in Formen verwendet werden, welche dem Geist des Gutachtens und der in ihm geforderten Rücksicht auf die deutsche Wirtschaft und ihre Selbständigkeit entsprechen.

2. Vom Standpunkte des deutschen Bankgewerbes aus kann dem Grundsatz der alliierten Eisenbahnsachverständigen zugestimmt werden, daß eine kaufmännisch geleitete Eisenbahngesellschaft die Erzielung einer angemessenen Reineinnahme als ihr Hauptziel betrachten, gleichzeitig aber sorgsam darauf bedacht sein muß, durch ihre Tarifpolitik nicht die Leistungsfähigkeit der Wirtschaft zu vermindern, von der nicht nur die Rentabilität der Eisenbahn, sondern auch die Fähigkeit Deutschlands zur Aufbringung der sonstigen Reparationsleistungen abhängt. So wenig es gebilligt werden könnte, wenn die Verwaltung der Reichsbahn durch verlustbringende Tarife bestimmten Unternehmungen oder Erwerbszweigen unberechtigte Gewinne zuführen wollte, so entschiedene Verwahrung ist gegen den Versuch einzulegen, die Tarifpolitik der Reichsbahn den Interessen der alliierten Länder an der Erhaltung ihrer Ueberseemärkte dienstbar zu machen, da diese Forderung über die Bestimmungen des Versailler Vertrages hinausginge, vor allem aber die Fähigkeit Deutschlands zur Leistung der planmäßigen Reparationszahlungen gefährden würde. Auch aus diesem Grunde muß bei der Organisation der zu schaffenden Reichseisenbahngesellschaft Vorsorge getroffen werden, daß die nach dem bisherigen Plan bestehende Möglichkeit, dieses Unternehmen

vollkommen unter ausländische Kontrolle zu bringen, beseitigt wird.

Klargestellt werden muß sodann, daß die Exekutionsrechte des Treuhänders der Eisenbahnobligationen nicht ausgeübt werden dürfen, wenn das Zurückbleiben der Leistungen der Eisenbahn hinter dem Leistungssoll auf Umständen beruht, welche von der deutschen Verwaltung nicht zu vertreten sind, und daß ein etwaiger Verzug der Eisenbahn in der Erfüllung der ihr obliegenden Anleiheverpflichtungen dadurch geheilt wird, daß das Deutsche Reich auf Grund seiner Bürgschaft die Erfüllung an Stelle der Eisenbahn bewirkt.

3. Der Plan der Sachverständigen hat zur Voraussetzung seiner Durchführung, daß Deutschland in seinen wirtschaftlichen Beziehungen zu anderen Ländern volle Freiheit genießt. Dies bedingt

   a) Klarstellung, daß die den Alliierten in bezug auf die Zolleinnahmen gewährten besonderen Garantien das Recht Deutschlands zur autonomen Regelung seiner handelspolitischen Beziehungen unberührt lassen;

   b) Anerkennung der wirtschaftlichen und rechtlichen Gleichberechtigung der deutschen Staatsangehörigen mit denen anderer Länder in den alliierten Staaten, insbesondere der Unverletzlichkeit ihres Eigentums. Die Fortdauer der Rechte aus § 18 der Anlage II hinter Art. 244 des Versailler Vertrages würde auch für die auswärtigen Anlagen der neu zu errichtenden Notenbank und damit für die Interessen ihrer Aktionäre und Gläubiger eine ernsthafte Gefährdung bedeuten.

IV. Ein *schiedsrichterliches Verfahren* ist in dem Sachverständigengutachten lediglich für solche Meinungsverschiedenheiten vorgesehen, welche sich auf die Durchführung der Bestimmungen über die Konzession der Eisenbahnbetriebsgesellschaft beziehen. Es erscheint wesentlich, daß ein ähnliches Schiedsgericht auch für alle sonstigen Meinungsverschiedenheiten und Streitigkeiten vorgesehen wird, welche sich bei der Durchführung der Vorschläge der Sachverständigen etwa ergeben könnten. *Insbesondere darf das Vorliegen einer vorsätzlichen Verfehlung Deutschlands gegen die ihm durch die Vorschläge der Sachverständigen auferlegten Verpflichtungen nur durch den Spruch eines unparteiischen Schiedsgerichts festgestellt werden.* Diese Forderung ist um so gerechtfertigter, als der Zahlungsplan der Sachverständigen für Deutschland ein eigentliches Moratorium nicht vorsieht und die Schätzungen, auf welche er sich bezüglich der Leistungen der ersten Jahre stützt, besonders umstritten sind.

V. Die Sachverständigen haben eine ziffernmäßige Begrenzung der gesamten Leistungen Deutschlands als außerhalb ihres Aufgabenkreises liegend erachtet. Wenn unter diesen Umständen auch bei der Beurteilung des Gutachtens der Sachverständigen eine Erörterung dieser Frage zu unterbleiben hat, so muß doch mit allem Nachdruck gefordert werden, daß bei Vereinbarungen, welche zwischen den Regierungen selbst über den Gesamtumfang der Belastung bzw. über die Dauer der aus dem Haushalt zu bewirkenden Jahresleistungen stattfinden, *die bisher deutscherseits vorgenommenen Reparationsleistungen zu ihrem wahren Werte angerechnet werden.* Der Streit über den Geldwert dieser Leistungen ist gegebenenfalls durch ein unparteiisches Schiedsgericht zu entscheiden.

Druck von A. W. Hayn's Erben
Berlin SW 68, Zimmerstraße 29.

INHALT UND TRAGWEITE DER VON DEN SACHVERSTÄNDIGEN DER REPARATIONS-KOMMISSION ERSTATTETEN GUTACHTEN.

REFERAT

ERSTATTET DEM VORSTAND UND AUSSCHUSS DES CENTRAL-VERBANDS DES DEUTSCHEN BANK- UND BANKIERGEWERBES AM 10. MAI 1924

VON

DR. GEORG SOLMSSEN

GESCHÄFTSINHABER DER DISCONTO-GESELLSCHAFT UND DIREKTOR DES A. SCHAAFFHAUSEN'SCHEN BANKVEREINS A.-G.

Kolibri 360 GmbH
Ferdinand-Jühlke-Straße 7
99095 Erfurt, Deutschland
produktsicherheit@kolibri360.de